PRÉFACE

La collection de guides de conversation "Tout ira bien!", publié par T&P Books, est conçue pour les gens qui voyagent par affaire ou par plaisir. Les guides de conversations contiennent le plus important - l'essentiel pour la communication de base. Il s'agit d'une série indispensable de phrases pour survivre à l'étranger.

Ce guide de conversation vous aidera dans la plupart des cas où vous devez demander quelque chose, trouver une direction, découvrir le prix d'un souvenir, etc. Il peut aussi résoudre des situations de communication difficile lorsque la gesticulation n'aide pas.

Le livre contient beaucoup de phrases qui ont été groupées par thèmes. Vous trouverez aussi un vocabulaire des 3000 mots les plus couramment utilisés. Une autre section du guide contient un glossaire gastronomique qui peut être utile lorsque vous faites le marché ou commandez des plats au restaurant.

Emmenez avec vous un guide de conversation "Tout ira bien!" sur la route et vous aurez un compagnon de voyage irremplaçable qui vous aidera à vous sortir de toutes les situations et vous enseignera à ne pas avoir peur de parler aux étrangers.

TABLE DES MATIÈRES

T&P Books Publishing

Collection de guides de conversation
"Tout ira bien!"

T&P Books Publishing

GUIDE DE CONVERSATION
— ESTONIEN —

Par Andrey Taranov

LES PHRASES LES PLUS UTILES

Ce guide de conversation
contient les phrases et
les questions les plus
communes et nécessaires
pour communiquer avec
des étrangers

T&P BOOKS

Guide de conversation + dictionnaire de 3000 mots

Guide de conversation Français-Estonien et vocabulaire thématique de 3000 mots

Par Andrey Taranov

La collection de guides de conversation "Tout ira bien!", publiée par T&P Books, est conçue pour les gens qui voyagent par affaire ou par plaisir. Les guides contiennent l'essentiel pour la communication de base. Il s'agit d'une série indispensable de phrases pour "survivre" à l'étranger.

Ce livre inclut un dictionnaire thématique qui contient près de 3000 des mots les plus fréquemment utilisés. Une autre section du guide contient un glossaire gastronomique qui peut être utile lorsque vous faites le marché ou commandez des plats au restaurant.

T&P Books Publishing
www.tpbooks.com

ISBN: 978-1-78716-284-6

Ce livre existe également en format électronique.
Pour plus d'informations, veuillez consulter notre site: www.tpbooks.com
ou rendez-vous sur ceux des grandes librairies en ligne.

PRONONCIATION

Voyelles

Lettre	Exemple en estonien	Alphabet phonétique T&P	Exemple en français
a	vana	[ɑ]	aller
aa	poutaa	[ɑ:]	cadre
e	ema	[e]	équipe
ee	Ameerika	[e:]	aller
i	ilus	[i]	stylo
ii	viia	[i:]	industrie
o	orav	[o]	normal
oo	antiloop	[o:]	tableau
u	surma	[u]	boulevard
uu	arbuus	[u:]	tour
õ	võõras	[ɔu]	anglais - rose, russe - ноутбук
ä	pärn	[æ]	maire
ö	köha	[ø]	peu profond
ü	üks	[y]	Portugal

Consonnes

Lettre	Exemple en estonien	Alphabet phonétique T&P	Exemple en français
b	tablett	[b]	bureau
d	delfiin	[d]	document
f	faasan	[f]	formule
g	flamingo	[g]	gris
h	haamer	[h]	[h] aspiré
j	harjumus	[j]	maillot
k	helikopter	[k]	bocal
l	ingel	[l]	vélo
m	magnet	[m]	minéral
n	nöör	[n]	ananas
p	poolsaar	[p]	panama
r	ripse	[r]	racine, rouge
s	sõprus	[s]	syndicat
š	šotlane	[ʃ]	chariot
t	tantsima	[t]	tennis

Lettre	Exemple en estonien	Alphabet phonétique T&P	Exemple en français
v	pilves	[ʋ]	verdure
z	zookauplus	[z]	gazeuse
ž [1]	žonglöör	[ʒ]	chant, tirage

Remarques

[1] uniquement dans les mots d'origine étrangère

LISTE DES ABRÉVIATIONS

Abréviations en français

adj	-	adjective
adv	-	adverbe
anim.	-	animé
conj	-	conjonction
dénombr.	-	dénombrable
etc.	-	et cetera
f	-	nom féminin
f pl	-	féminin pluriel
fam.	-	familiar
fem.	-	féminin
form.	-	formal
inanim.	-	inanimé
indénombr.	-	indénombrable
m	-	nom masculin
m pl	-	masculin pluriel
m, f	-	masculin, féminin
masc.	-	masculin
math	-	mathematics
mil.	-	militaire
pl	-	pluriel
prep	-	préposition
pron	-	pronom
qch	-	quelque chose
qn	-	quelqu'un
sing.	-	singulier
v aux	-	verbe auxiliaire
v imp	-	verbe impersonnel
vi	-	verbe intransitif
vi, vt	-	verbe intransitif, transitif
vp	-	verbe pronominal
vt	-	verbe transitif

T&P BOOKS

GUIDE DE CONVERSATION ESTONIEN

Cette section contient
des phrases importantes
qui peuvent être utiles dans
des situations courantes.
Le guide vous aidera
à demander des directions,
clarifier le prix, acheter
des billets et commander
des plats au restaurant

T&P Books Publishing

CONTENU DU GUIDE DE CONVERSATION

T&P Books Publishing

Les essentiels

Excusez-moi, ...	**Vabandage, ...** [ʋabandage, ...]
Bonjour	**Tere.** [tere]
Merci	**Aitäh.** [aitæh]
Au revoir	**Nägemist.** [næɡemisʲt]
Oui	**Jah.** [jah]
Non	**Ei.** [ej]
Je ne sais pas.	**Ma ei tea.** [ma ej tea]
Où? | Où? | Quand?	**Kus? | Kuhu? | Millal?** [kus? | kuhu? | milʲæl?]
J'ai besoin de ...	**Mul on ... vaja** [mulʲ on ... ʋaja]
Je veux ...	**Ma tahan ...** [ma tahan ...]
Avez-vous ... ?	**Kas teil on ... ?** [kas tejlʲ on ... ?]
Est-ce qu'il y a ... ici?	**Kas siin on kusagil ... ?** [kas si:n on kusagilʲ ... ?]
Puis-je ... ?	**Kas ma tohin ...?** [kas ma tohin ...?]
s'il vous plaît (pour une demande)	**Palun, ...** [palun, ...]
Je cherche ...	**Ma otsin ...** [ma otsin ...]
les toilettes	**tualetti** [tualetti]
un distributeur	**pangaautomaati** [panga:utoma:ti]
une pharmacie	**apteeki** [apte:ki]
l'hôpital	**haiglat** [haiglat]
le commissariat de police	**politseijaoskonda** [politsejjaoskonda]
une station de métro	**metroojaama** [metro:ja:ma]

un taxi	**taksot** [taksot]
la gare	**raudteejaama** [raudte:ja:ma]

Je m'appelle ...	**Minu nimi on ...** [minu nimi on ...]
Comment vous appelez-vous?	**Mis teie nimi on?** [mis teje nimi on?]
Aidez-moi, s'il vous plaît.	**Palun aidake mind.** [palun aidake mind]
J'ai un problème.	**Ma vajan teie abi.** [ma ʋajan teje abi]
Je ne me sens pas bien.	**Mul on halb olla.** [mulʲ on halʲb olʲæ]
Appelez une ambulance!	**Kutsuge kiirabi!** [kutsuge ki:rabi!]
Puis-je faire un appel?	**Kas ma tohin helistada?** [kas ma tohin helisʲtada?]

Excusez-moi.	**Vabandage.** [ʋabandage]
Je vous en prie.	**Tänan.** [tænan]

je, moi	**mina, ma** [mina, ma]
tu, toi	**sina, sa** [sina, sa]
il	**tema, ta** [tema, ta]
elle	**tema, ta** [tema, ta]
ils	**nemad, nad** [nemad, nat]
elles	**nemad, nad** [nemad, nat]
nous	**meie, me** [meje, me]
vous	**teie, te** [teje, te]
Vous	**teie** [teje]

ENTRÉE	**SISSEPÄÄS** [sissepæ:s]
SORTIE	**VÄLJAPÄÄS** [ʋæljapæ:s]
HORS SERVICE | EN PANNE	**EI TÖÖTA** [ej tø:ta]
FERMÉ	**SULETUD** [suletut]

OUVERT	**AVATUD** [aʋatut]
POUR LES FEMMES	**NAISTE** [naisʲte]
POUR LES HOMMES	**MEESTE** [meːsʲte]

Questions

Où? (lieu)	**Kus?** [kus?]
Où? (direction)	**Kuhu?** [kuhu?]
D'où?	**Kust?** [kusʲt?]
Pourquoi?	**Miks?** [miks?]
Pour quelle raison?	**Milleks?** [milʲeks?]
Quand?	**Millal?** [milʲæl?]

Combien de temps?	**Kui kaua?** [kui kaua?]
À quelle heure?	**Mis ajal?** [mis ajal?]
C'est combien?	**Kui palju maksab?** [kui palju maksab?]
Avez-vous ... ?	**Kas teil on ...?** [kas tejlʲ on ...?]
Où est ..., s'il vous plaît?	**Kus asub ...?** [kus asub ...?]

Quelle heure est-il?	**Mis kell on?** [mis kelʲ on?]
Puis-je faire un appel?	**Kas ma tohin helistada?** [kas ma tohin helisʲtada?]
Qui est là?	**Kes seal on?** [kes sealʲ on?]
Puis-je fumer ici?	**Kas tohin siin suitsetada?** [kas tohin si:n suitsetada?]
Puis-je ...?	**Kas ma tohin ...?** [kas ma tohin ...?]

Besoins

Je voudrais ...	**Ma tahaksin ...** [ma tahaksin ...]
Je ne veux pas ...	**Ma ei taha ...** [ma ej taha ...]
J'ai soif.	**Mul on janu.** [mulʲ on janu]
Je veux dormir.	**Ma tahan magada.** [ma tahan magada]
Je veux ...	**Ma tahan ...** [ma tahan ...]
me laver	**käsi pesta** [kæsi pesʲta]
brosser mes dents	**hambaid pesta** [hambait pesʲta]
me reposer un instant	**veidi puhata** [ʋejdi puhata]
changer de vêtements	**riideid vahetada** [riːdejt ʋahetada]
retourner à l'hôtel	**hotelli tagasi minna** [hotelʲi tagasi minna]
acheter ...	**osta ...** [osʲta ...]
aller à ...	**minna ...** [minna ...]
visiter ...	**külastada ...** [kʉlasʲtada ...]
rencontrer ...	**kohtuda ...** [kohtuda ...]
faire un appel	**helistada** [helisʲtada]
Je suis fatigué /fatiguée/	**Ma olen väsinud.** [ma olen ʋæsinud]
Nous sommes fatigués /fatiguées/	**Me oleme väsinud.** [me oleme ʋæsinud]
J'ai froid.	**Mul on külm.** [mulʲ on kʉlʲm]
J'ai chaud.	**Mul on palav.** [mulʲ on palaʋ]
Je suis bien.	**Ma tunnen ennast hästi.** [ma tunnen ennasʲt hæsʲti]

Il me faut faire un appel.	**Mul on vaja helistada.** [mulʲ on ʋaja helisʲtada]
J'ai besoin d'aller aux toilettes.	**Pean tualetti minema.** [pean tualetti minema]
Il faut que j'aille.	**Ma pean lahkuma.** [ma pean lahkuma]
Je dois partir maintenant.	**Ma pean nüüd lahkuma.** [ma pean nʉ:t lahkuma]

Comment demander la direction

Excusez-moi, ...	**Vabandage, ...** [ʊabandage, ...]
Où est ..., s'il vous plaît?	**Kus asub ...?** [kus asub ...?]
Dans quelle direction est ... ?	**Kuspool asub ...?** [kuspoːlʲ asub ...?]
Pouvez-vous m'aider, s'il vous plaît ?	**Palun, kas aitaksite mind?** [palun, kas aitaksite mind?]

Je cherche ...	**Ma otsin ...** [ma otsin ...]
La sortie, s'il vous plaît?	**Ma otsin väljapääsu.** [ma otsin ʊælʲjapæːsu]
Je vais à ...	**Ma sõidan ...** [ma sɜidan ...]
C'est la bonne direction pour ...?	**Kas ma lähen õiges suunas, et jõuda ...?** [kas ma lʲæhen ɜiges suːnas, et jɜuda ...?]

C'est loin?	**Kas see on kaugel?** [kas seː on kaugelʲ?]
Est-ce que je peux y aller à pied?	**Kas ma saan sinna jalgsi minna?** [kas ma saːn sinna jalʲgsi minna?]
Pouvez-vous me le montrer sur la carte?	**Palun näidake mulle seda kaardil.** [palun næjdake mulʲe seda kaːrdil]
Montrez-moi où sommes-nous, s'il vous plaît.	**Näidake mulle, kus me praegu asume.** [næjdake mulʲe, kus me praegu asume]

Ici	**Siin** [siːn]
Là-bas	**Seal** [sealʲ]
Par ici	**Siia** [siːa]

Tournez à droite.	**Keerake paremale.** [keːrake paremale]
Tournez à gauche.	**Keerake vasakule.** [keːrake ʊasakule]
Prenez la première (deuxième, troisième) rue.	**esimesel (teisel, kolmandal) ristmikul** [esimeselʲ (tejselʲ, kolʲmandalʲ) risʲtmikulʲ]
à droite	**paremale** [paremale]

à gauche

vasakule
[vasakule]

Continuez tout droit.

Minge otse edasi.
[minge otse edasi]

Affiches, Pancartes

BIENVENUE!	**TERE TULEMAST!** [tere tulemasʲt!]
ENTRÉE	**SISSEPÄÄS** [sissepæ:s]
SORTIE	**VÄLJAPÄÄS** [ʋæljapæ:s]
POUSSEZ	**LÜKAKE** [lʉkake]
TIREZ	**TÕMMAKE** [tɜmmake]
OUVERT	**AVATUD** [aʋatut]
FERMÉ	**SULETUD** [suletut]
POUR LES FEMMES	**NAISTE** [naisʲte]
POUR LES HOMMES	**MEESTE** [me:sʲte]
MESSIEURS (m)	**MEESTI TUALETT** [me:sʲti tualett]
FEMMES (f)	**NAISTE TUALETT** [naisʲte tualett]
RABAIS | SOLDES	**ALLAHINDLUS** [alʲæhintlus]
PROMOTION	**ODAV VÄLJAMÜÜK** [odaʋ ʋæljamʉ:k]
GRATUIT	**TASUTA** [tasuta]
NOUVEAU!	**UUS!** [u:s!]
ATTENTION!	**TÄHELEPANU!** [tæhelepanu!]
COMPLET	**VABU KOHTI POLE** [ʋabu kohti pole]
RÉSERVÉ	**RESERVEERITUD** [reserʋe:ritut]
ADMINISTRATION	**ADMINISTRATSIOON** [adminisʲtratsio:n]
PERSONNEL SEULEMENT	**AINULT PERSONALILE** [ainulʲt personalile]

ATTENTION AU CHIEN!	**KURI KOER!** [kuri koer!]
NE PAS FUMER!	**SUITSETAMINE KEELATUD!** [suitsetamine ke:latud!]
NE PAS TOUCHER!	**MITTE PUUDUTADA!** [mitte pu:dutada!]
DANGEREUX	**OHTLIK** [ohtlik]
DANGER	**OHT** [oht]
HAUTE TENSION	**KÕRGEPINGE** [kɜrgepinge]
BAIGNADE INTERDITE!	**UJUMINE KEELATUD!** [ujumine ke:latud!]

HORS SERVICE | EN PANNE	**EI TÖÖTA** [ej tø:ta]
INFLAMMABLE	**TULEOHTLIK** [tuleohtlik]
INTERDIT	**KEELATUD** [ke:latut]
ENTRÉE INTERDITE!	**LOATA SISENEMINE KEELATUD!** [loata sisenemine ke:latud!]
PEINTURE FRAÎCHE	**VÄRSKE VÄRV** [ʋærske ʋærʋ]

FERMÉ POUR TRAVAUX	**REMONDI TÕTTU SULETUD** [remondi tɜttu suletut]
TRAVAUX EN COURS	**EES ON TEETÖÖD** [e:s on te:tø:t]
DÉVIATION	**ÜMBERSÕIT** [ʉmbersɜit]

Transport - Phrases générales

avion	**lennuk** [lennuk]
train	**rong** [rong]
bus, autobus	**buss** [bus]
ferry	**parvlaev** [parʋlaeʋ]
taxi	**takso** [takso]
voiture	**auto** [auto]

horaire	**sõiduplaan** [sɜidupla:n]
Où puis-je voir l'horaire?	**Kus ma saaksin sõiduplaani näha?** [kus ma sa:ksin sɜidupla:ni næha?]
jours ouvrables	**tööpäevad, argipäevad** [tø:pæəʋat, argipæəʋad]
jours non ouvrables	**nädalalõpud** [nædalalɜput]
jours fériés	**riigipühad** [ri:gipʉhat]

DÉPART	**väljalend** [ʋæljalent]
ARRIVÉE	**saabumine** [sa:bumine]
RETARDÉE	**edasi lükatud** [edasi lʉkatut]
ANNULÉE	**tühistatud** [tʉhisˡtatut]

prochain (train, etc.)	**järgmine (rong jms)** [jærgmine]
premier	**esimene** [esimene]
dernier	**viimane** [ʋi:mane]

À quelle heure est le prochain ...?	**Millal järgmine ... tuleb?** [milˡælˈ jærgmine ... tuleb?]
À quelle heure est le premier ...?	**Millal esimene ... väljub?** [milˡælˈ esimene ... ʋæljub?]

À quelle heure est le dernier ...?

Millal väljub viimane ...?
[miˡælʲ ʋæljub ʋiːmane ...?]

correspondance

ümberistumine
[ɯmberisˡtumine]

prendre la correspondance

ümber istuma
[ɯmber isˡtuma]

Dois-je prendre la correspondance?

Kas ma pean ümber istuma?
[kas ma pean ɯmber isˡtuma?]

Acheter un billet

Où puis-je acheter des billets?	**Kust ma saan pileteid osta?** [kusʲt ma saːn piletejt osʲta?]
billet	**pilet** [pilet]
acheter un billet	**piletit osta** [piletit osʲta]
le prix d'un billet	**piletihind** [piletihint]

Pour aller où?	**Kuhu?** [kuhu?]
Quelle destination?	**Millise jaamani?** [milʲise jaːmani?]
Je voudrais ...	**Mul on ... vaja** [mulʲ on ... ʋaja]
un billet	**ühe pileti** [ʉhe pileti]
deux billets	**kaks piletit** [kaks piletit]
trois billets	**kolm piletit** [kolʲm piletit]

aller simple	**üheotsa** [ʉheotsa]
aller-retour	**edasi-tagasi** [edasi-tagasi]
première classe	**esimene klass** [esimene klass]
classe économique	**teine klass** [tejne klas]

aujourd'hui	**täna** [tæna]
demain	**homme** [homme]
après-demain	**ülehomme** [ʉlehomme]
dans la matinée	**hommikul** [hommikulʲ]
l'après-midi	**pärastlõunal** [pærasʲtlɜunalʲ]
dans la soirée	**õhtul** [ɜhtulʲ]

siège côté couloir

vahekäigupoolne koht
[ʋahekæjgupoːlʲne koht]

siège côté fenêtre

aknaalune koht
[aknaːlune koht]

C'est combien?

Kui palju?
[kui palʲu?]

Puis-je payer avec la carte?

Kas ma saan tasuda maksekaardiga?
[kas ma saːn tasuda maksekaːrdiga?]

L'autobus

bus, autobus	**buss** [bus]
autocar	**linnadevaheline buss** [linnadeυaheline bus]
arrêt d'autobus	**bussipeatus** [bussipeatus]
Où est l'arrêt d'autobus le plus proche?	**Kus asub lähim bussipeatus?** [kus asub lʲæhim bussipeatus?]

numéro	**number (bussi vm)** [number]
Quel bus dois-je prendre pour aller à ...?	**Milline buss sõidab ...?** [milʲine buss sɜidab ...?]
Est-ce que ce bus va à ...?	**Kas ma saan selle bussiga ...?** [kas ma sa:n selʲe bussiga ...?]
L'autobus passe tous les combien?	**Kui sageli bussid käivad?** [kui sageli bussit kæjυad?]

chaque quart d'heure	**iga veerand tunni järel** [iga υe:rant tunni jærelʲ]
chaque demi-heure	**iga poole tunni järel** [iga po:le tunni jærelʲ]
chaque heure	**iga tunni järel** [iga tunni jærelʲ]
plusieurs fois par jour	**mitu korda päevas** [mitu korda pæeυas]
... fois par jour	**... korda päevas** [... korda pæeυas]

horaire	**sõiduplaan** [sɜidupla:n]
Où puis-je voir l'horaire?	**Kus ma saaksin sõiduplaani näha?** [kus ma sa:ksin sɜidupla:ni næha?]
À quelle heure passe le prochain bus?	**Millal järgmine buss tuleb?** [milʲælʲ jærgmine bus tuleb?]
À quelle heure passe le premier bus?	**Millal esimene buss väljub?** [milʲælʲ esimene buss υæljub?]
À quelle heure passe le dernier bus?	**Millal viimane buss väljub?** [milʲælʲ υi:mane bus υæljub?]

arrêt	**peatus** [peatus]
prochain arrêt	**järgmine peatus** [jærgmine peatus]

terminus

viimane peatus, lõpp-peatus
[ʋi:mane peatus, lɜpp-peatus]

Pouvez-vous arrêter ici, s'il vous plaît.

Palun pidage siin kinni.
[palun pidage si:n kinni]

Excusez-moi, c'est mon arrêt.

Vabandage, minu peatus on siin.
[ʋabandage, minu peatus on si:n]

Train

train	**rong** [rong]
train de banlieue	**linnalähirong** [linnalʲæhirong]
train de grande ligne	**rong** [rong]
la gare	**raudteejaam** [raudte:ja:m]
Excusez-moi, où est la sortie vers les quais?	**Vabandage, kust pääseb perroonile?** [ʋabandage, kusʲt pæ:seb perro:nile?]

Est-ce que ce train va à ...?	**Kas see rong sõidab ...?** [kas se: rong sɜidab ...?]
le prochain train	**järgmine rong** [jærgmine rong]
À quelle heure est le prochain train?	**Millal järgmine rong tuleb?** [milʲælʲ jærgmine rong tuleb?]
Où puis-je voir l'horaire?	**Kus ma saaksin sõiduplaani näha?** [kus ma sa:ksin sɜidupla:ni næha?]
De quel quai?	**Milliselt perroonilt?** [milʲiselʲt perro:nilʲt?]
À quelle heure arrive le train à ...?	**Millal see rong jõuab ...?** [milʲælʲ se: rong jɜuab ...?]

Pouvez-vous m'aider, s'il vous plaît?	**Palun aidake mind.** [palun aidake mind]
Je cherche ma place.	**Ma otsin oma kohta.** [ma otsin oma kohta]
Nous cherchons nos places.	**Me otsime oma kohti.** [me otsime oma kohti]
Ma place est occupée.	**Minu koht on hõivatud.** [minu koht on hɜiʋatud]
Nos places sont occupées.	**Meie kohad on hõivatud.** [meje kohat on hɜiʋatud]

Excusez-moi, mais c'est ma place.	**Vabandage, see on minu koht.** [ʋabandage, se: on minu koht]
Est-ce que cette place est libre?	**Kas see koht on vaba?** [kas se: koht on ʋaba?]
Puis-je m'asseoir ici?	**Kas ma tohin siia istuda?** [kas ma tohin si:a isʲtuda?]

Sur le train - Dialogue (Pas de billet)

Votre billet, s'il vous plaît.

Palun esitage oma pilet.
[palun esitage oma pilet]

Je n'ai pas de billet.

Mul ei ole piletit.
[mulʲ ej ole piletit]

J'ai perdu mon billet.

Ma olen oma pileti ära kaotanud.
[ma olen oma pileti æra kaotanud]

J'ai oublié mon billet à la maison.

Unustasin pileti koju.
[unusʲtasin pileti koju]

Vous pouvez m'acheter un billet.

Te saate osta pileti minu käest.
[te sa:te osʲta pileti minu kæəsʲt]

Vous devrez aussi payer une amende.

Te peate maksma ka trahvi.
[te peate maksma ka trahʊi]

D'accord.

Hea küll.
[hea kʉlʲ]

Où allez-vous?

Kuhu te sõidate?
[kuhu te sзidate?]

Je vais à …

Ma sõidan …
[ma sзidan …]

Combien? Je ne comprend pas.

Kui palju? Ma ei saa aru.
[kui palʲu? ma ej sa: aru]

Pouvez-vous l'écrire, s'il vous plaît.

Palun kirjutage see üles.
[palun kirjutage se: ʉles]

D'accord. Puis-je payer avec la carte?

Hea küll. Kas ma saan tasuda maksekaardiga?
[hea kʉlʲ kas ma sa:n tasuda makseka:rdiga?]

Oui, bien sûr.

Jah, saate.
[jah, sa:te]

Voici votre reçu.

Siin on teie kviitung.
[si:n on teje kʊi:tung]

Désolé pour l'amende.

Kahju, et pidite trahvi maksma.
[kahju, et pidite trahʊi maksma]

Ça va. C'est de ma faute.

Pole hullu. Oma viga.
[pole hulʲu oma ʊiga]

Bon voyage.

Head reisi.
[heat rejsi]

Taxi

taxi	**takso** [takso]
chauffeur de taxi	**taksojuht** [taksojuht]
prendre un taxi	**taksot püüdma** [taksot puːdma]
arrêt de taxi	**taksopeatus** [taksopeatus]
Où puis-je trouver un taxi?	**Kust ma saan takso võtta?** [kusʲt ma saːn takso ʋɜtta?]
appeler un taxi	**kutsuge takso välja** [kutsuge takso ʋælja]
Il me faut un taxi.	**Ma soovin taksot.** [ma soːʋin taksot]
maintenant	**Kohe praegu.** [kohe praegu]
Quelle est votre adresse?	**Öelge oma aadress?** [øelʲge oma aːdress?]
Mon adresse est ...	**Minu aadress on ...** [minu aːdres on ...]
Votre destination?	**Kuhu te soovite sõita?** [kuhu te soːʋite sɜita?]
Excusez-moi, ...	**Vabandage, ...** [ʋabandage, ...]
Vous êtes libre ?	**Kas te olete vaba?** [kas te olete ʋaba?]
Combien ça coûte pour aller à ...?	**Kui palju läheb maksma sõit ...?** [kui palju lʲæheb maksma sɜit ...?]
Vous savez où ça se trouve?	**Kas te teate, kus see asub?** [kas te teate, kus seː asub?]
À l'aéroport, s'il vous plaît.	**Palun viige mind lennujaama.** [palun ʋiːge mint lennuja:ma]
Arrêtez ici, s'il vous plaît.	**Palun peatuge siin.** [palun peatuge siːn]
Ce n'est pas ici.	**See ei ole siin.** [seː ej ole siːn]
C'est la mauvaise adresse.	**See on vale aadress.** [seː on ʋale aːdress]
tournez à gauche	**Keerake vasakule.** [keːrake ʋasakule]
tournez à droite	**Keerake paremale.** [keːrake paremale]

Combien je vous dois?	**Palju ma teile võlgnen?** [palju ma tejle vɔlʲgnen?]
J'aimerais avoir un reçu, s'il vous plaît.	**Palun andke mulle kviitung.** [palun andke mulʲe kʋiːtung]
Gardez la monnaie.	**Tagasi pole vaja.** [tagasi pole ʋaja]

Attendez-moi, s'il vous plaît …	**Palun, kas te ootaksite mind?** [palun, kas te oːtaksite mind?]
cinq minutes	**viis minutit** [ʋiːs minutit]
dix minutes	**kümme minutit** [kʉmme minutit]
quinze minutes	**viisteist minutit** [ʋiːsʲtejsʲt minutit]
vingt minutes	**kakskümmend minutit** [kakskʉmment minutit]
une demi-heure	**pool tundi** [poːlʲ tundi]

Hôtel

Bonjour.

Tere.
[tere]

Je m'appelle ...

Minu nimi on ...
[minu nimi on ...]

J'ai réservé une chambre.

Mul on koht kinni pandud.
[mulʲ on koht kinni pandud]

Je voudrais ...

Mul on ... vaja
[mulʲ on ... ʋaja]

une chambre simple

tuba ühele
[tuba ʉhele]

une chambre double

tuba kahele
[tuba kahele]

C'est combien?

Palju see maksab?
[palʲju se: maksab?]

C'est un peu cher.

See on kallivõitu.
[se: on kalʲiʋɔitu]

Avez-vous autre chose?

Kas teil on midagi muud pakkuda?
[kas tejlʲ on midagi mu:t pakkuda?]

Je vais la prendre.

Ma võtan selle.
[ma ʋɔtan selʲe]

Je vais payer comptant.

Ma maksan sularahas.
[ma maksan sularahas]

J'ai un problème.

Ma vajan teie abi.
[ma ʋajan teje abi]

Mon ... est cassé /Ma ... est cassée/

Minu ... on katki.
[minu ... on katki]

Mon /Ma/ ... ne fonctionne pas.

Minu ... on rikkis.
[minu ... on rikkis]

télé

televiisor
[teleʋi:sor]

air conditionné

kliimaseade
[kli:maseade]

robinet

kraan
[kra:n]

douche

dušš
[duʃʃ]

évier

kraanikauss
[kra:nikaus]

coffre-fort

seif
[sejf]

serrure de porte	**ukselukk** [ukselukk]
prise électrique	**pistikupesa** [pisʲtikupesa]
sèche-cheveux	**föön** [fø:n]

Je n'ai pas ...	**Minu numbris ei ole ...** [minu numbris ej ole ...]
d'eau	**vett** [ʋett]
de lumière	**valgust** [ʋalʲgusʲt]
d'électricité	**elektrit** [elektrit]

Pouvez-vous me donner ...?	**Palun, kas te tooksite mulle ...?** [palun, kas te to:ksite mulʲe ...?]
une serviette	**käterätiku** [kæterætiku]
une couverture	**teki** [teki]
des pantoufles	**tuhvlid** [tuhʋlit]
une robe de chambre	**hommikumantli** [hommikumantli]
du shampoing	**šampooni** [ʃampo:ni]
du savon	**seepi** [se:pi]

Je voudrais changer ma chambre.	**Sooviksin tuba vahetada.** [so:ʋiksin tuba ʋahetada]
Je ne trouve pas ma clé.	**Ma ei leia oma võtit.** [ma ej leja oma ʋɜtit]
Pourriez-vous ouvrir ma chambre, s'il vous plaît?	**Palun tehke mu tuba lahti?** [palun tehke mu tuba lahti?]
Qui est là?	**Kes seal on?** [kes sealʲ on?]
Entrez!	**Tulge sisse!** [tulʲge sisse!]
Une minute!	**Palun oodake, kohe tulen!** [palun o:dake, kohe tulen!]
Pas maintenant, s'il vous plaît.	**Palun, mitte praegu.** [palun, mitte praegu]

Pouvez-vous venir à ma chambre, s'il vous plaît.	**Palun tulge minu tuppa.** [palun tulʲge minu tuppa]
J'aimerais avoir le service d'étage.	**Sooviv tellida sööki numbrisse.** [so:ʋiʋ telʲida sø:ki numbrisse]
Mon numéro de chambre est le ...	**Minu toanumber on ...** [minu toanumber on ...]

Je pars …	**Ma lahkun …** [ma lahkun …]
Nous partons …	**Me lahkume …** [me lahkume …]
maintenant	**kohe praegu** [kohe praegu]
cet après-midi	**täna pärastlõunal** [tæna pærasʲtlʒunalʲ]
ce soir	**täna õhtul** [tæna ʒhtulʲ]
demain	**homme** [homme]
demain matin	**homme hommikul** [homme hommikulʲ]
demain après-midi	**homme õhtul** [homme ʒhtulʲ]
après-demain	**ülehomme** [ʉlehomme]

Je voudrais régler mon compte.	**Soovin maksta.** [soːʋin maksʲta]
Tout était merveilleux.	**Kõik oli suurepärane.** [kʒik oli suːrepærane]
Où puis-je trouver un taxi?	**Kust ma saan takso võtta?** [kusʲt ma saːn takso ʋʒtta?]
Pourriez-vous m'appeler un taxi, s'il vous plaît?	**Palun kutsuge mulle takso?** [palun kutsuge mulʲe takso?]

Restaurant

Puis-je voir le menu, s'il vous plaît?

Palun tooge mulle menüü?
[palun to:ge mule menʉ:?]

Une table pour une personne.

Laud ühele.
[laut ʉhele]

Nous sommes deux (trois, quatre).

Me oleme kahekesi (kolmekesi, neljakesi).
[me oleme kahekesi (kolmekesi, neljakesi)]

Fumeurs

Suitsetajatele
[suitsetajatele]

Non-fumeurs

Mittesuitsetajatele
[mittesuitsetajatele]

S'il vous plaît!

Vabandage!
[ʋabandage!]

menu

menüü
[menʉ:]

carte des vins

veinikaart
[ʋejnika:rt]

Le menu, s'il vous plaît.

Palun menüü.
[palun menʉ:]

Êtes-vous prêts à commander?

Kas olete valmis tellima?
[kas olete ʋalmis telima?]

Qu'allez-vous prendre?

Mida te tellite?
[mida te telite?]

Je vais prendre ...

Tooge palun ...
[to:ge palun ...]

Je suis végétarien.

Ma olen taimetoitlane.
[ma olen taimetojtlane]

viande

liha
[liha]

poisson

kala
[kala]

légumes

köögivili
[kø:giʋili]

Avez-vous des plats végétariens?

Kas teil on taimetoitlastele mõeldud roogi?
[kas tejl on taimetojtlastele mɜeldut ro:gi?]

Je ne mange pas de porc.

Ma ei söö sealiha.
[ma ej sø: sealiha]

Il /elle/ ne mange pas de viande.	**Tema ei söö liha.** [tema ej sø: liha]
Je suis allergique à …	**Mul on allergia … vastu.** [mulʲ on alʲergia … vasʲtu]

Pourriez-vous m'apporter …, s'il vous plaît.	**Palun tooge mulle …** [palun to:ge mulʲe …]
le sel | le poivre | du sucre	**soola | pipart | suhkrut** [so:la | pipart | suhkrut]
un café | un thé | un dessert	**kohvi | teed | magustoit** [kohʋi | te:t | magusʲtojt]
de l'eau | gazeuse | plate	**vett | mullivett | puhast vett** [ʋett | mulʲiʋett | puhasʲt ʋett]
une cuillère | une fourchette | un couteau	**lusikas | kahvel | nuga** [lusikas | kahʋelʲ | nuga]
une assiette | une serviette	**taldrik | salvrätik** [talʲdrik | salʲʋrætik]

Bon appétit!	**Head isu!** [heat isu!]
Un de plus, s'il vous plaît.	**Palun veel üks.** [palun ʋe:lʲ üks]
C'était délicieux.	**Oli väga maitsev.** [oli ʋæga maitseʋ]

l'addition | de la monnaie | le pourboire	**arve | raha tagasi | jootraha** [arʋe | raha tagasi | jo:traha]
L'addition, s'il vous plaît.	**Arve, palun.** [arʋe, palun]
Puis-je payer avec la carte?	**Kas ma saan tasuda maksekaardiga?** [kas ma sa:n tasuda makseka:rdiga?]
Excusez-moi, je crois qu'il y a une erreur ici.	**Vabandage, aga siin on midagi valesti.** [ʋabandage, aga si:n on midagi ʋalesʲti]

Shopping. Faire les Magasins

Est-ce que je peux vous aider?

Kuidas saan teid aidata?
[kuidas sa:n tejt aidata?]

Avez-vous ... ?

Kas teil on ...?
[kas tejlʲ on ...?]

Je cherche ...

Ma otsin ...
[ma otsin ...]

Il me faut ...

Mul on ... vaja
[mulʲ on ... ʋaja]

Je regarde seulement, merci.

Ma ainult vaatan.
[ma ainulʲt ʋa:tan]

Nous regardons seulement, merci.

Me ainult vaatame.
[me ainulʲt ʋa:tame]

Je reviendrai plus tard.

Ma tulen hiljem tagasi.
[ma tulen hiljem tagasi]

On reviendra plus tard.

Me tuleme hiljem tagasi.
[me tuleme hiljem tagasi]

Rabais | Soldes

allahindlus | odav väljamüük
[alʲæhintlus | odaʋ ʋæljamʉ:k]

Montrez-moi, s'il vous plaît ...

Palun näidake mulle ...
[palun næjdake mulʲe ...]

Donnez-moi, s'il vous plaît ...

Palun andke mulle ...
[palun andke mulʲe ...]

Est-ce que je peux l'essayer?

Kas ma saaksin seda proovida?
[kas ma sa:ksin seda pro:ʋida?]

Excusez-moi, où est la cabine d'essayage?

Vabandage, kus proovikabiin on?
[ʋabandage, kus pro:ʋikabi:n on?]

Quelle couleur aimeriez-vous?

Millist värvi te soovite?
[milʲisʲt ʋærʋi te so:ʋite?]

taille | longueur

suurus | pikkus
[su:rus | pikkus]

Est-ce que la taille convient ?

Kas see sobib teile?
[kas se: sobib tejle?]

Combien ça coûte?

Kui palju see maksab?
[kui palju se: maksab?]

C'est trop cher.

See on liiga kallis.
[se: on li:ga kalʲis]

Je vais le prendre.

Ma võtan selle.
[ma ʋɜtan selʲe]

Excusez-moi, où est la caisse?

Vabandage, kus ma tasuda saan?
[ʋabandage, kus ma tasuda sa:n?]

Payerez-vous comptant ou par carte de crédit?

Kas maksate sularahas või maksekaardiga?
[kas maksate sularahas või maksekaːrdiga?]

Comptant | par carte de crédit

sularahas | maksekaardiga
[sularahas | makseka:rdiga]

Voulez-vous un reçu?

Kas te kviitungit soovite?
[kas te kʋiːtungit soːʋite?]

Oui, s'il vous plaît.

Jah, palun.
[jah, palun]

Non, ce n'est pas nécessaire.

Ei, pole vaja.
[ej, pole ʋaja]

Merci. Bonne journée!

Tänan teid. Kena päeva teile!
[tænan tejd. kena pæeʋa tejle!]

En ville

Excusez-moi, …	**Vabandage, palun.** [ʋabandage, palun]
Je cherche …	**Ma otsin …** [ma otsin …]

le métro	**metroojaama** [metro:ja:ma]
mon hôtel	**oma hotelli** [oma hoteˡˡi]
le cinéma	**kino** [kino]
un arrêt de taxi	**taksopeatust** [taksopeatusˡt]

un distributeur	**pangaautomaati** [panga:utoma:ti]
un bureau de change	**valuutavahetuspunkti** [ʋalu:taʋahetuspunkti]
un café internet	**internetikohvikut** [internetikohʋikut]
la rue …	**… tänavat** [… tænaʋat]
cette place-ci	**seda kohta siin** [seda kohta si:n]

Savez-vous où se trouve …?	**Kas te teate, kus asub…?** [kas te teate, kus asub…?]
Quelle est cette rue?	**Mis selle tänava nimi on?** [mis selˡe tænaʋa nimi on?]
Montrez-moi où sommes-nous, s'il vous plaît.	**Näidake mulle, kus me praegu oleme.** [næjdake mulˡe, kus me praegu oleme]

Est-ce que je peux y aller à pied?	**Kas ma saan sinna jalgsi minna?** [kas ma sa:n sinna jalˡgsi minna?]
Avez-vous une carte de la ville?	**Kas teil on linna kaarti?** [kas tejlˡ on linna ka:rti?]

C'est combien pour un ticket?	**Kui kallis pilet on?** [kui kalˡis pilet on?]
Est-ce que je peux faire des photos?	**Kas siin tohib pildistada?** [kas si:n tohib pilˡdisˡtada?]
Êtes-vous ouvert?	**Kas te olete avatud?** [kas te olete aʋatud?]

À quelle heure ouvrez-vous?

Millal te avate?
[milʲælʲ te avate?]

À quelle heure fermez-vous?

Millal te sulgete?
[milʲælʲ te sulʲgete?]

L'argent

argent	**raha** [raha]
argent liquide	**sularaha** [sularaha]
des billets	**paberraha** [paberraha]
petite monnaie	**peenraha** [pe:nraha]
l'addition | de la monnaie | le pourboire	**arve | raha tagasi | jootraha** [arʋe | raha tagasi | jo:traha]

carte de crédit	**maksekaart, krediitkaart** [makseka:rt, kredi:tka:rt]
portefeuille	**rahakott** [rahakott]
acheter	**osta** [osʲta]
payer	**maksta** [maksʲta]
amende	**trahv** [trahʋ]
gratuit	**tasuta** [tasuta]

Où puis-je acheter … ?	**Kust ma saan … osta?** [kusʲt ma sa:n … osʲta?]
Est-ce que la banque est ouverte en ce moment?	**Kas pank on praegu lahti?** [kas pank on praegu lahti?]
À quelle heure ouvre-t-elle?	**Millal see avatakse?** [milʲælʲ se: aʋatakse?]
À quelle heure ferme-t-elle?	**Millal see suletakse?** [milʲælʲ se: suletakse?]

C'est combien?	**Kui palju?** [kui palju?]
Combien ça coûte?	**Kui palju see maksab?** [kui palju se: maksab?]
C'est trop cher.	**See on liiga kallis.** [se: on li:ga kalʲis]

Excusez-moi, où est la caisse?	**Vabandage, kus ma saan maksta?** [ʋabandage, kus ma sa:n maksʲta?]
L'addition, s'il vous plaît.	**Arve, palun.** [arʋe, palun]

Puis-je payer avec la carte?	**Kas ma saan tasuda maksekaardiga?** [kas ma saːn tasuda maksekaːrdiga?]
Est-ce qu'il y a un distributeur ici?	**Kas siin läheduses on pangautomaat?** [kas siːn lʲæheduses on pangautomaːt?]
Je cherche un distributeur.	**Ma otsin pangautomaati.** [ma otsin pangautomaːti]

Je cherche un bureau de change.	**Ma otsin valuutavahetuspunkti.** [ma otsin ʋaluːtaʋahetuspunkti]
Je voudrais changer ...	**Sooviksin vahetada ...** [soːʋiksin ʋahetada ...]
Quel est le taux de change?	**Milline on vahetuskurss?** [milʲine on ʋahetuskurss?]
Avez-vous besoin de mon passeport?	**Kas vajate mu passi?** [kas ʋajate mu passi?]

Le temps

Quelle heure est-il?	**Mis kell on?** [mis kelʲ on?]
Quand?	**Millal?** [milʲæl?]
À quelle heure?	**Mis ajal?** [mis ajal?]
maintenant | plus tard | après ...	**praegu | hiljem | pärast ...** [praegu | hiljem | pærasʲt ...]

une heure	**kell üks päeval** [kelʲ ʉks pæəʋalʲ]
une heure et quart	**kell veerand kaks** [kelʲ ʋeːrant kaks]
une heure et demie	**kell pool kaks** [kelʲ poːlʲ kaks]
deux heures moins quart	**kell kolmveerand kaks** [kelʲ kolʲmʋeːrant kaks]

un | deux | trois	**üks | kaks | kolm** [ʉks | kaks | kolʲm]
quatre | cinq | six	**neli | viis | kuus** [neli | ʋiːs | kuːs]
sept | huit | neuf	**seitse | kaheksa | üheksa** [sejtse | kaheksa | ʉheksa]
dix | onze | douze	**kümme | üksteist | kaksteist** [kʉmme | ʉksʲtejsʲt | kaksʲtejsʲt]

dans ...	**... pärast** [... pærasʲt]
cinq minutes	**viie minuti** [ʋiːe minuti]
dix minutes	**kümne minuti** [kʉmne minuti]
quinze minutes	**viieteistkümne minuti** [ʋiːetejsʲtkʉmne minuti]
vingt minutes	**kahekümne minuti** [kahekʉmne minuti]

une demi-heure	**poole tunni** [poːle tunni]
une heure	**tunni** [tunni]
dans la matinée	**hommikul** [hommikulʲ]

tôt le matin	**varahommikul** [ʋarahommikulʲ]
ce matin	**täna hommikul** [tæna hommikulʲ]
demain matin	**homme hommikul** [homme hommikulʲ]

à midi	**keskpäeval** [keskpæəʋalʲ]
dans l'après-midi	**pärast lõunat** [pærasʲt lɜunat]
dans la soirée	**õhtul** [ɜhtulʲ]
ce soir	**täna õhtul** [tæna ɜhtulʲ]

la nuit	**öösel** [ø:selʲ]
hier	**eile** [ejle]
aujourd'hui	**täna** [tæna]
demain	**homme** [homme]
après-demain	**ülehomme** [ɰlehomme]

Quel jour sommes-nous aujourd'hui?	**Mis päev täna on?** [mis pæəʋ tæna on?]
Nous sommes ...	**Täna on ...** [tæna on ...]
lundi	**esmaspäev** [esmaspæəʋ]
mardi	**teisipäev** [tejsipæəʋ]
mercredi	**kolmapäev** [kolʲmapæəʋ]

jeudi	**neljapäev** [neljapæəʋ]
vendredi	**reede** [re:de]
samedi	**laupäev** [laupæəʋ]
dimanche	**pühapäev** [pɰhapæəʋ]

Salutations - Introductions

Bonjour.	**Tere.** [tere]
Enchanté /Enchantée/	**Meeldiv kohtuda.** [me:lʲdiʋ kohtuda]
Moi aussi.	**Minul samuti.** [minulʲ samuti]
Je voudrais vous présenter ...	**Saage tuttavaks, tema on ...** [sa:ge tuttaʋaks, tema on ...]
Ravi /Ravie/ de vous rencontrer.	**Tore teiega kohtuda.** [tore tejega kohtuda]

Comment allez-vous?	**Kuidas käsi käib?** [kuidas kæsi kæjb?]
Je m'appelle ...	**Minu nimi on ...** [minu nimi on ...]
Il s'appelle ...	**Tema nimi on ...** [tema nimi on ...]
Elle s'appelle ...	**Tema nimi on ...** [tema nimi on ...]
Comment vous appelez-vous?	**Mis teie nimi on?** [mis teje nimi on?]
Quel est son nom?	**Mis tema nimi on?** [mis tema nimi on?]
Quel est son nom?	**Mis tema nimi on?** [mis tema nimi on?]

Quel est votre nom de famille?	**Mis teie perekonnanimi on?** [mis teje perekonnanimi on?]
Vous pouvez m'appeler ...	**Te võite mind kutsuda ...** [te ʋɜite mint kutsuda ...]
D'où êtes-vous?	**Kust te pärit olete?** [kusʲt te pærit olete?]
Je suis de ...	**Ma elan ...** [ma elan ...]
Qu'est-ce que vous faites dans la vie?	**Kellena te töötate?** [kelʲena te tø:tate?]

Qui est-ce?	**Kes see on?** [kes se: on?]
Qui est-il?	**Kes tema on?** [kes tema on?]
Qui est-elle?	**Kes tema on?** [kes tema on?]

Qui sont-ils?	**Kes nemad on?** [kes nemat on?]
C'est ...	**Tema on ...** [tema on ...]
mon ami	**minu sõber** [minu sɜber]
mon amie	**minu sõbranna** [minu sɜbranna]
mon mari	**minu mees** [minu meːs]
ma femme	**minu naine** [minu naine]

mon père	**minu isa** [minu isa]
ma mère	**minu ema** [minu ema]
mon frère	**minu vend** [minu ʋent]
ma sœur	**minu õde** [minu ɜde]
mon fils	**minu poeg** [minu poeg]
ma fille	**minu tütar** [minu tʉtar]

C'est notre fils.	**Tema on meie poeg.** [tema on meje poeg]
C'est notre fille.	**Tema on meie tütar.** [tema on meje tʉtar]
Ce sont mes enfants.	**Nemad on minu lapsed.** [nemat on minu lapsed]
Ce sont nos enfants.	**Nemad on meie lapsed.** [nemat on meje lapsed]

Les adieux

Au revoir!	**Hüvasti!** [hɐʋasʲti!]
Salut!	**Tšao! Pakaa!** [tʃao! paka:!]
À demain.	**Homseni.** [homseni]
À bientôt.	**Kohtumiseni.** [kohtumiseni]
On se revoit à sept heures.	**Seitsme ajal näeme.** [sejtsme ajalʲ næəme]
Amusez-vous bien!	**Veetke lõbusasti aega!** [ʋe:tke lɔbusasʲti aega!]
On se voit plus tard.	**Hiljem räägime.** [hiljem ræ:gime]
Bonne fin de semaine.	**Meeldivat nädalavahetust teile.** [me:lʲdiʋat nædalaʋahetusʲt tejle]
Bonne nuit.	**Head ööd.** [heat ø:d]
Il est l'heure que je parte.	**Ma pean lahkuma.** [ma pean lahkuma]
Je dois m'en aller.	**Ma pean lahkuma.** [ma pean lahkuma]
Je reviens tout de suite.	**Tulen kohe tagasi.** [tulen kohe tagasi]
Il est tard.	**Aeg on juba hiline.** [aeg on juba hiline]
Je dois me lever tôt.	**Pean hommikul vara tõusma.** [pean hommikulʲ ʋara tɜusma]
Je pars demain.	**Ma lahkun homme.** [ma lahkun homme]
Nous partons demain.	**Me lahkume homme.** [me lahkume homme]
Bon voyage!	**Head reisi teile!** [heat rejsi tejle!]
Enchanté de faire votre connaissance.	**Oli meeldiv teiega kohtuda.** [oli me:lʲdiʋ tejega kohtuda]
Heureux /Heureuse/ d'avoir parlé avec vous.	**Oli meeldiv teiega suhelda.** [oli me:lʲdiʋ tejega suhelʲda]
Merci pour tout.	**Tänan kõige eest.** [tænan kɜige e:sʲt]

Je me suis vraiment amusé /amusée/

Veetsin teiega meeldivalt aega.
[ʋeːtsin tejega meːlʲdiʋalʲt aega]

Nous nous sommes vraiment amusés /amusées/

Viitsime meeldivalt aega.
[ʋiːtsime meːlʲdiʋalʲt aega]

C'était vraiment plaisant.

Kõik oli suurepärane.
[kɜik oli suːrepærane]

Vous allez me manquer.

Ma hakkan teist puudust tundma.
[ma hakkan tejsʲt puːdusʲt tundma]

Vous allez nous manquer.

Me hakkame teist puudust tundma.
[me hakkame tejsʲt puːdusʲt tundma]

Bonne chance!

Õnn kaasa!
[ɜnn kaːsa!]

Mes salutations à ...

Tervitage ...
[terʋitage ...]

Une langue étrangère

Je ne comprends pas.	**Ma ei saa aru.** [ma ej sa: aru]
Écrivez-le, s'il vous plaît.	**Palun kirjutage see üles.** [palun kirjutage se: ʉles]
Parlez-vous ...?	**Kas te räägite ...?** [kas te ræ:gite ...?]

Je parle un peu ...	**Ma räägin natukene ... keelt** [ma ræ:gin natukene ... ke:lʲt]
anglais	**inglise** [inglise]
turc	**türgi** [tʉrgi]
arabe	**araabia** [ara:bia]
français	**prantsuse** [prantsuse]

allemand	**saksa** [saksa]
italien	**itaalia** [ita:lia]
espagnol	**hispaania** [hispa:nia]
portugais	**portugali** [portugali]
chinois	**hiina** [hi:na]
japonais	**jaapani** [ja:pani]

Pouvez-vous le répéter, s'il vous plaît.	**Palun korrake seda.** [palun korrake seda]
Je comprends.	**Ma saan aru.** [ma sa:n aru]
Je ne comprends pas.	**Ma ei saa aru.** [ma ej sa: aru]
Parlez plus lentement, s'il vous plaît.	**Palun rääkige aeglasemalt.** [palun ræ:kige aeglasemalʲt]

Est-ce que c'est correct?	**Kas nii on õige?** [kas ni: on ɜige?]
Qu'est-ce que c'est?	**Mis see on?** [mis se: on?]

Les excuses

Excusez-moi, s'il vous plaît.	**Palun vabandust.** [palun ʋabandusʲt]
Je suis désolé /désolée/	**Vabandage.** [ʋabandage]
Je suis vraiment /désolée/	**Mul on tõesti kahju.** [mulʲ on tʒesʲti kahju]
Désolé /Désolée/, c'est ma faute.	**Andestust, minu süü.** [andesʲtusʲt, minu sʉ:]
Au temps pour moi.	**Minu viga.** [minu ʋiga]

Puis-je ... ?	**Kas ma tohin ...?** [kas ma tohin ...?]
Ça vous dérange si je ...?	**Ega teil midagi selle vastu ole,** **kui ma ...?** [ega tejlʲ midagi selʲe ʋasʲtu ole, kui ma ...?]
Ce n'est pas grave.	**Kõik on korras.** [kʒik on korras]
Ça va.	**Kõik on korras.** [kʒik on korras]
Ne vous inquiétez pas.	**Ärge muretsege.** [ærge muretsege]

Les accords

Oui	**Jah.** [jah]
Oui, bien sûr.	**Jah, muidugi.** [jah, muidugi]
Bien.	**Nõus! Hästi!** [nɜus! hæsʲti!]
Très bien.	**Väga hästi.** [ʋæga hæsʲti]
Bien sûr!	**Kindlasti!** [kintlasʲti!]
Je suis d'accord.	**Ma olen nõus.** [ma olen nɜus]
C'est correct.	**Õige.** [ɜige]
C'est exact.	**Õigus.** [ɜigus]
Vous avez raison.	**Teil on õigus.** [tejlʲ on ɜigus]
Je ne suis pas contre.	**Mina pole vastu.** [mina pole ʋasʲtu]
Tout à fait correct.	**Täiesti õigus.** [tæjesʲti ɜigus]
C'est possible.	**See on võimalik.** [se: on ʋɜimalik]
C'est une bonne idée.	**Hea mõte.** [hea mɜte]
Je ne peux pas dire non.	**Ma ei saa keelduda.** [ma ej sa: ke:lʲduda]
J'en serai ravi /ravie/	**Mul oleks hea meel.** [mulʲ oleks hea me:l]
Avec plaisir.	**Hea meelega.** [hea me:lega]

Refus, exprimer le doute

Non	**Ei.** [ej]
Absolument pas.	**Kindlasti mitte.** [kintlasʲti mitte]
Je ne suis pas d'accord.	**Ma ei ole nõus.** [ma ej ole nʒus]
Je ne le crois pas.	**Mina nii ei arva.** [mina ni: ej arʋa]
Ce n'est pas vrai.	**See ei ole tõsi.** [se: ej ole tʒsi]
Vous avez tort.	**Te eksite.** [te eksite]
Je pense que vous avez tort.	**Arva, et teil pole õigus.** [arʋa, et tejlʲ pole ʒigus]
Je ne suis pas sûr /sûre/	**Ma ei ole kindel.** [ma ej ole kindel]
C'est impossible.	**See ei ole võimalik.** [se: ej ole ʋʒimalik]
Pas du tout!	**Mitte midagi taolist!** [mitte midagi taolisʲt!]
Au contraire!	**Otse vastupidi.** [otse ʋasʲtupidi]
Je suis contre.	**Mina olen selle vastu.** [mina olen selʲe ʋasʲtu]
Ça m'est égal.	**Mul ükskõik.** [mulʲ ükskʒik]
Je n'ai aucune idée.	**Mul pole aimugi.** [mulʲ pole aimugi]
Je doute que cela soit ainsi.	**Kahtlen selles.** [kahtlen selʲes]
Désolé /Désolée/, je ne peux pas.	**Kahjuks ma ei saa.** [kahjuks ma ej sa:]
Désolé /Désolée/, je ne veux pas.	**Vabandage, ma ei soovi.** [ʋabandage, ma ej so:ʋi]
Merci, mais ça ne m'intéresse pas.	**Tänan, aga ma ei taha seda.** [tænan, aga ma ej taha seda]
Il se fait tard.	**Aeg on hiline.** [aeg on hiline]

Je dois me lever tôt.

Pean hommikul vara tõusma.
[pean hommikulʲ ʋara tɜusma]

Je ne me sens pas bien.

Mul on halb olla.
[mulʲ on halʲb olʲæ]

Exprimer la gratitude

Merci.

Merci beaucoup.

Je l'apprécie beaucoup.

Je vous suis très reconnaissant.

Nous vous sommes très reconnaissant.

Aitäh.
[aitæh]

Suur tänu teile.
[suːr tænu tejle]

Olen teile selle eest tõesti tänulik.
[olen tejle selʲe eːsʲt tɜesʲti tænulik]

Ma olen teile tõesti väga tänulik.
[ma olen tejle tɜesʲti ʋæga tænulik]

Me oleme teile tõesti väga tänulikud.
[me oleme tejle tɜesʲti ʋæga tænulikud]

Merci pour votre temps.

Merci pour tout.

Merci pour ...

votre aide

les bons moments passés

Tänan, et leidsite minu jaoks aega.
[tænan, et lejdsite minu jaoks aega]

Tänan kõige eest.
[tænan kɜige eːsʲt]

Tänan teid ...
[tænan tejt ...]

abi eest
[abi eːsʲt]

meeldiva aja eest
[meːlʲdiʋa aja eːsʲt]

---

un repas merveilleux

cette agréable soirée

cette merveilleuse journée

une excursion extraordinaire

suurepärase eine eest
[suːrepærase ejne eːsʲt]

meeldiva õhtu eest
[meːlʲdiʋa ɜhtu eːsʲt]

suurepärase päeva eest
[suːrepærase pæeʋa eːsʲt]

hämmastava reisi eest
[hæmmasʲtaʋa rejsi eːsʲt]

Il n'y a pas de quoi.

Vous êtes les bienvenus.

Mon plaisir.

J'ai été heureux /heureuse/ de vous aider.

Ça va. N'y pensez plus.

Ne vous inquiétez pas.

Pole tänu väärt.
[pole tænu ʋæːrt]

Pole tänu väärt.
[pole tænu ʋæːrt]

Igal ajal.
[igalʲ ajal]

Mul oli hea meel aidata.
[mulʲ oli hea meːlʲ aidata]

Unustage see. Kõik on korras.
[unusʲtage seː. kɜik on korras]

Ärge muretsege.
[ærge muretsege]

Félicitations. Vœux de fête

Félicitations!	**Õnnitleme!** [ɜnnitleme!]
Joyeux anniversaire!	**Palju õnne sünnipäevaks!** [palju ɜnne sʉnnipæəʊaks!]
Joyeux Noël!	**Häid jõule!** [hæjt jɜule!]
Bonne Année!	**Head uut aastat!** [heat uːt aːsʲtat!]

Joyeuses Pâques!	**Head ülestõusmispüha!** [heat ʉlesʲtɜusmispʉha!]
Joyeux Hanoukka!	**Head Hannukad!** [heat hannukad!]

Je voudrais proposer un toast.	**Lubage mul öelda toost.** [lubage mulʲ øelʲda toːsʲt]
Santé!	**Proosit!** [proːsit!]
Buvons à …!	**Võtame …!** [ʊɜtame …!]
À notre succès!	**Meie edu terviseks!** [meje edu terʊiseks!]
À votre succès!	**Teie edu terviseks!** [teje edu terʊiseks!]

Bonne chance!	**Õnn kaasa!** [ɜnn kaːsa!]
Bonne journée!	**Ilusat päeva teile!** [ilusat pæəʊa tejle!]
Passez de bonnes vacances !	**Puhake kenasti!** [puhake kenasʲti!]
Bon voyage!	**Head reisi teile!** [heat rejsi tejle!]
Rétablissez-vous vite.	**Head paranemist!** [heat paranemisʲt!]

Socialiser

Pourquoi êtes-vous si triste?	**Miks te kurb olete?** [miks te kurb olete?]
Souriez!	**Naeratage! Pea püsti!** [naeratage! pea pʉsʲti!]
Êtes-vous libre ce soir?	**Kas te olete täna õhtul vaba?** [kas te olete tæna ɜhtulʲ ʋaba?]

Puis-je vous offrir un verre?	**Kas tohin teile jooki pakkuda?** [kas tohin tejle joːki pakkuda?]
Voulez-vous danser?	**Kas sooviksite tantsida?** [kas soːʋiksite tantsida?]
Et si on va au cinéma?	**Ehk läheksime kinno.** [ehk lʲæheksime kinno]

Puis-je vous inviter ...	**Kas tohin teid kutsuda ...?** [kas tohin tejt kutsuda ...?]
au restaurant	**restorani** [resʲtorani]
au cinéma	**kinno** [kinno]
au théâtre	**teatrisse** [teatrise]
pour une promenade	**jalutama** [jalutama]

À quelle heure?	**Mis ajal?** [mis ajal?]
ce soir	**täna õhtul** [tæna ɜhtulʲ]
à six heures	**kell kuus** [kelʲ kuːs]
à sept heures	**kell seitse** [kelʲ sejtse]
à huit heures	**kell kaheksa** [kelʲ kaheksa]
à neuf heures	**kell üheksa** [kelʲ ʉheksa]

Est-ce que vous aimez cet endroit?	**Kas teile meeldib siin olla?** [kas tejle meːlʲdib siːn olʲæ?]
Êtes-vous ici avec quelqu'un?	**Kas te olete siin kellegagi koos?** [kas te olete siːn kelʲegagi koːs?]
Je suis avec mon ami.	**Olen koos sõbraga.** [olen koːs sɜbraga]

Je suis avec mes amis.	**Olen koos sõpradega.** [olen ko:s sɜpradega]
Non, je suis seul /seule/	**Ei, ma olen üksik.** [ej, ma olen ʉksik]

As-tu un copain?	**Kas sul on sõber olemas?** [kas sulʲ on sɜber olemas?]
J'ai un copain.	**Mul on sõber.** [mulʲ on sɜber]
As-tu une copine?	**Kas sul on sõbranna olemas?** [kas sulʲ on sɜbranna olemas?]
J'ai une copine.	**Mul on sõbranna olemas.** [mulʲ on sɜbranna olemas]

Est-ce que je peux te revoir?	**Kas me kohtume veel?** [kas me kohtume ʋe:l?]
Est-ce que je peux t'appeler?	**Kas tohin sulle helistada?** [kas tohin sulʲe helisʲtada?]
Appelle-moi.	**Helista mulle.** [helisʲta mulʲe]
Quel est ton numéro?	**Ütle mulle oma telefoninumber?** [ʉtle mulʲe oma telefoninumber?]
Tu me manques.	**Igatsen su järele.** [igatsen su jærele]

Vous avez un très beau nom.	**Teil on ilus nimi.** [tejlʲ on ilus nimi]
Je t'aime.	**Ma armastan teid.** [ma armasʲtan tejd]
Veux-tu te marier avec moi?	**Kas abiellute minuga?** [kas abielʲute minuga?]
Vous plaisantez!	**Nalja teete!** [nalʲja te:te!]
Je plaisante.	**Lihtsalt teen nalja.** [lihtsalʲt te:n nalʲja]

Êtes-vous sérieux /sérieuse/?	**Kas te mõtlete seda tõsiselt?** [kas te mɜtlete seda tɜsiselʲt?]
Je suis sérieux /sérieuse/	**Jah, ma olen tõsine.** [jah, ma olen tɜsine]
Vraiment?!	**Tõesti?!** [tɜesʲti?!]
C'est incroyable!	**See on uskumatu!** [se: on uskumatu!]
Je ne vous crois pas.	**Ma ei usu teid.** [ma ej usu tejd]
Je ne peux pas.	**Ma ei saa.** [ma ej sa:]
Je ne sais pas.	**Ma ei tea.** [ma ej tea]
Je ne vous comprends pas	**Ma ei saa teist aru.** [ma ej sa: tejsʲt aru]

Laissez-moi! Allez-vous-en!	**Palun lahkuge.**
	[palun lahkuge]
Laissez-moi tranquille!	**Jätke mind üksi!**
	[jætke mint uksi!]

Je ne le supporte pas.	**Ma ei talu teda.**
	[ma ej talu teda]
Vous êtes dégoûtant!	**Te olete vastik!**
	[te olete uasʲtik!]
Je vais appeler la police!	**Ma kutsun politsei!**
	[ma kutsun politsej!]

Partager des impressions. Émotions

J'aime ça.	**See meeldib mulle.** [se: me:lʲdib mulʲe]
C'est gentil.	**Väga kena.** [ʋæga kena]
C'est super!	**See on suurepärane!** [se: on su:repærane!]
C'est assez bien.	**See ei ole halb.** [se: ej ole halʲb]
Je n'aime pas ça.	**See ei meeldi mulle.** [se: ej me:lʲdi mulʲe]
Ce n'est pas bien.	**See ei ole hea.** [se: ej ole hea]
C'est mauvais.	**See on halb.** [se: on halʲb]
Ce n'est pas bien du tout.	**See on väga halb.** [se: on ʋæga halʲb]
C'est dégoûtant.	**See on eemaletõukav.** [se: on e:maletɜukaʋ]
Je suis content /contente/	**Ma olen õnnelik.** [ma olen ɜnnelik]
Je suis heureux /heureuse/	**Ma olen rahul.** [ma olen rahul]
Je suis amoureux /amoureuse/	**Ma olen armunud.** [ma olen armunud]
Je suis calme.	**Ma olen rahulik.** [ma olen rahulik]
Je m'ennuie.	**Ma olen tüdinud.** [ma olen tʉdinud]
Je suis fatigué /fatiguée/	**Ma olen väsinud.** [ma olen ʋæsinud]
Je suis triste.	**Ma olen kurb.** [ma olen kurb]
J'ai peur.	**Ma olen hirmul.** [ma olen hirmul]
Je suis fâché /fâchée/	**Ma olen vihane.** [ma olen ʋihane]
Je suis inquiet /inquiète/	**Ma olen mures.** [ma olen mures]
Je suis nerveux /nerveuse/	**Ma olen närvis.** [ma olen nærʋis]

Je suis jaloux /jalouse/	**Ma olen kade.** [ma olen kade]
Je suis surpris /surprise/	**Ma olen üllatunud.** [ma olen üllætunud]
Je suis gêné /gênée/	**Ma olen segaduses.** [ma olen segaduses]

Problèmes. Accidents

J'ai un problème.	**Ma vajan teie abi.** [ma ʋajan teje abi]
Nous avons un problème.	**Me vajame teie abi.** [me ʋajame teje abi]

Je suis perdu /perdue/	**Ma olen ära eksinud.** [ma olen æra eksinud]
J'ai manqué le dernier bus (train).	**Ma jäin viimasest bussist (rongist) maha.** [ma jæjn ʋiːmasesʲt bussisʲt (rongisʲt) maha]
Je n'ai plus d'argent.	**Mul on raha päris otsas.** [mulʲ on raha pæris otsas]

J'ai perdu mon ...	**Ma kaotasin oma ...** [ma kaotasin oma ...]
On m'a volé mon ...	**Keegi varastas mu ...** [keːgi ʋarasʲtas mu ...]
passeport	**passi** [pasi]
portefeuille	**rahakoti** [rahakoti]
papiers	**dokumendid** [dokumendit]
billet	**pileti** [pileti]

argent	**raha** [raha]
sac à main	**käekoti** [kæəkoti]
appareil photo	**fotoaparaadi** [fotoaparaːdi]
portable	**sülearvuti** [sɯlearʋuti]
ma tablette	**tahvelarvuti** [tahʋelarʋuti]
mobile	**mobiiltelefoni** [mobiːlʲtelefoni]

Au secours!	**Appi! Aidake!** [appi! aidake!]
Qu'est-il arrivé?	**Mis juhtus?** [mis juhtus?]

un incendie	**tulekahju** [tulekahju]
des coups de feu	**tulistamine** [tulisʲtamine]
un meurtre	**tapmine** [tapmine]
une explosion	**plahvatus** [plahʋatus]
une bagarre	**kaklus** [kaklus]

Appelez la police!	**Kutsuge politsei!** [kutsuge politsej!]
Dépêchez-vous, s'il vous plaît!	**Palun kiirustage!** [palun kiːrusʲtage!]
Je cherche le commissariat de police.	**Ma otsin politseijaoskonda.** [ma otsin politsejjaoskonda]
Il me faut faire un appel.	**Mul on vaja helistada.** [mulʲ on ʋaja helisʲtada]
Puis-je utiliser votre téléphone?	**Kas ma tohin helistada?** [kas ma tohin helisʲtada?]

J'ai été …	**Mind …** [mint …]
agressé /agressée/	**rööviti** [røːʋiti]
volé /volée/	**riisuti paljaks** [riːsuti paljaks]
violée	**vägistati** [ʋægisʲtati]
attaqué /attaquée/	**peksti läbi** [peksʲti lʲæbi]

Est-ce que ça va?	**Kas teiega on kõik korras?** [kas tejega on kɜik korras?]
Avez-vous vu qui c'était?	**Kas te nägite, kes see oli?** [kas te nægite, kes se: oli?]
Pourriez-vous reconnaître cette personne?	**Kas te tunneksite ta ära?** [kas te tunneksite ta æra?]
Vous êtes sûr?	**Kas olete kindel?** [kas olete kindel?]

Calmez-vous, s'il vous plaît.	**Palun rahunege maha.** [palun rahunege maha]
Calmez-vous!	**Võtke asja rahulikult!** [ʋɜtke asja rahulikulʲt!]
Ne vous inquiétez pas.	**Ärge muretsege!** [ærge muretsege!]
Tout ira bien.	**Kõik saab korda.** [kɜik saːb korda]
Ça va. Tout va bien.	**Kõik on korras.** [kɜik on korras]

Venez ici, s'il vous plaît.

Palun tulge siia.
[palun tulʲge siːa]

J'ai des questions à vous poser.

Mul on teile mõned küsimused.
[mulʲ on tejle mɜnet kʉsimused]

Attendez un moment, s'il vous plaît.

Palun oodake.
[palun oːdake]

Avez-vous une carte d'identité?

Kas teil on mõni isikut tõendav dokument?
[kas tejlʲ on mɜni isikut tɜendaʊ dokument?]

Merci. Vous pouvez partir maintenant.

Tänan. Võite lahkuda.
[tænan. ʊɜite lahkuda]

Les mains derrière la tête!

Käed kuklale!
[kæet kuklale!]

Vous êtes arrêté!

Te olete kinni peetud!
[te olete kinni peːtud!]

Problèmes de santé

Aidez-moi, s'il vous plaît.	**Palun aidake mind.** [palun aidake mind]
Je ne me sens pas bien.	**Mul on halb olla.** [mulʲ on halʲb olʲæ]
Mon mari ne se sent pas bien.	**Mu mehel on halb olla.** [mu mehelʲ on halʲb olʲæ]
Mon fils ...	**Mu pojal ...** [mu pojalʲ ...]
Mon père ...	**Mu isal ...** [mu isalʲ ...]
Ma femme ne se sent pas bien.	**Mu naisel on halb olla.** [mu naiselʲ on halʲb olʲæ]
Ma fille ...	**Mu tütrel ...** [mu tʉtrelʲ ...]
Ma mère ...	**Mu emal ...** [mu emalʲ ...]
J'ai mal ...	**Mul on ...** [mulʲ on ...]
à la tête	**peavalu** [peaʋalu]
à la gorge	**kurk külma saanud** [kurk kʉlʲma sa:nut]
à l'estomac	**kõhuvalu** [kɜhuʋalu]
aux dents	**hambavalu** [hambaʋalu]
J'ai le vertige.	**Mul käib pea ringi.** [mulʲ kæjb pea ringi]
Il a de la fièvre.	**Tal on palavik.** [talʲ on palaʋik]
Elle a de la fièvre.	**Tal on palavik.** [talʲ on palaʋik]
Je ne peux pas respirer.	**Ma ei saa hingata.** [ma ej sa: hingata]
J'ai du mal à respirer.	**Mul jääb hing kinni.** [mulʲ jæ:b hing kinni]
Je suis asthmatique.	**Ma olen astmaatik.** [ma olen asʲtma:tik]
Je suis diabétique.	**Ma olen diabeetik.** [ma olen diabe:tik]

Je ne peux pas dormir.

Ma ei saa magada.
[ma ej sa: magada]

intoxication alimentaire

toidumürgitus
[tojdumʉrgitus]

Ça fait mal ici.

Siit valutab.
[si:t ʋalutab]

Aidez-moi!

Appi! Aidake!
[appi! aidake!]

Je suis ici!

Ma olen siin!
[ma olen si:n!]

Nous sommes ici!

Me oleme siin!
[me oleme si:n!]

Sortez-moi d'ici!

Päästke mind siit välja!
[pæ:sʲtke mint si:t ʋælja!]

J'ai besoin d'un docteur.

Mul on arsti vaja.
[mulʲ on arsʲti ʋaja]

Je ne peux pas bouger!

Ma ei saa ennast liigutada.
[ma ej sa: ennasʲt li:gutada]

Je ne peux pas bouger mes jambes.

Ma ei saa oma jalgu liigutada.
[ma ej sa: oma jalʲgu li:gutada]

Je suis blessé /blessée/

Ma olen haavatud.
[ma olen ha:ʋatud]

Est-ce que c'est sérieux?

Kas see on kardetav?
[kas se: on kardetaʋ?]

Mes papiers sont dans ma poche.

Minu dokumendid on mu taskus.
[minu dokumendit on mu taskus]

Calmez-vous!

Rahunege maha!
[rahunege maha!]

Puis-je utiliser votre téléphone?

Kas ma tohin helistada?
[kas ma tohin helisʲtada?]

Appelez une ambulance!

Kutsuge kiirabi!
[kutsuge ki:rabi!]

C'est urgent!

See on kiireloomuline!
[se: on ki:relo:muline!]

C'est une urgence!

See on hädaolukord!
[se: on hædaolukord!]

Dépêchez-vous, s'il vous plaît!

Palun kiirustage!
[palun ki:rusʲtage!]

Appelez le docteur, s'il vous plaît.

Palun kutsuge arst?
[palun kutsuge arsʲt?]

Où est l'hôpital?

Palun öelge, kus asub haigla?
[palun øelʲge, kus asub haigla?]

Comment vous sentez-vous?

Kuidas te ennast tunnete?
[kuidas te ennasʲt tunnete?]

Est-ce que ça va?

Kas teiega on kõik korras?
[kas tejega on kɜik korras?]

Qu'est-il arrivé?

Mis juhtus?
[mis juhtus?]

Je me sens mieux maintenant.

Ma tunnen ennast nüüd paremini.
[ma tunnen ennasit nʉːt paremini]

Ça va. Tout va bien.

Kõik on korras.
[kɜik on korras]

Ça va.

Kõik on hästi.
[kɜik on hæsiti]

À la pharmacie

pharmacie	**apteek** [apte:k]
pharmacie 24 heures	**ööpäevaringselt avatud apteek** [ø:pæəʋaringselʲt aʋatut apte:k]
Où se trouve la pharmacie la plus proche?	**Kus asub lähim apteek?** [kus asub lʲæhim apte:k?]
Est-elle ouverte en ce moment?	**Kas see on praegu avatud?** [kas se: on praegu aʋatud?]
À quelle heure ouvre-t-elle?	**Mis kell see avatakse?** [mis kelʲ se: aʋatakse?]
à quelle heure ferme-t-elle?	**Mis kell see suletakse?** [mis kelʲ se: suletakse?]
C'est loin?	**Kas see on kaugel?** [kas se: on kaugel?]
Est-ce que je peux y aller à pied?	**Kas ma saan sinna jalgsi minna?** [kas ma sa:n sinna jalʲgsi minna?]
Pouvez-vous me le montrer sur la carte?	**Palun näidake mulle seda kaardil.** [palun næjdake mulʲe seda ka:rdil]
Pouvez-vous me donner quelque chose contre ...	**Palun andke mulle midagi, mis aitaks ...** [palun andke mulʲe midagi, mis aitaks ...]
le mal de tête	**peavalu vastu** [peaʋalu ʋasʲtu]
la toux	**köha vastu** [køha ʋasʲtu]
le rhume	**külmetuse vastu** [kulʲmetuse ʋasʲtu]
la grippe	**gripi vastu** [gripi ʋasʲtu]
la fièvre	**palaviku vastu** [palaʋiku ʋasʲtu]
un mal d'estomac	**kõhuvalude vastu** [kɜhuʋalude ʋasʲtu]
la nausée	**iivelduse vastu** [i:ʋelʲduse ʋasʲtu]
la diarrhée	**kõhulahtisuse vastu** [kɜhulahtisuse ʋasʲtu]
la constipation	**kõhukinnisuse vastu** [kɜhukinnisuse ʋasʲtu]

un mal de dos	**seljavalu vastu** [seljaʋalu ʋasʲtu]
les douleurs de poitrine	**rinnavalu vastu** [rinnaʋalu ʋasʲtu]
les points de côté	**pistete vastu küljes** [pisʲtete ʋasʲtu kɥljes]
les douleurs abdominales	**valude vastu kõhus** [ʋalude ʋasʲtu kɜhus]

une pilule	**tablett** [tablett]
un onguent, une crème	**salv, kreem** [salʲʋ, kreːm]
un sirop	**siirup** [siːrup]
un spray	**sprei** [sprej]
les gouttes	**tilgad** [tilʲgat]

Vous devez allez à l'hôpital.	**Te peate haiglasse minema.** [te peate haiglase minema]
assurance maladie	**ravikindlustus** [raʋikintlusʲtus]
prescription	**retseptiga** [retseptiga]
produit anti-insecte	**putukatõrjevahend** [putukatɜrjeʋahent]
bandages adhésifs	**plaaster** [plaːsʲter]

Les essentiels

Excusez-moi, ...
Vabandage, ...
[vabandage, ...]

Bonjour
Tere.
[tere]

Merci
Aitäh.
[aitæh]

Au revoir
Nägemist.
[næɡemisʲt]

Oui
Jah.
[jah]

Non
Ei.
[ej]

Je ne sais pas.
Ma ei tea.
[ma ej tea]

Où? | Où? | Quand?
Kus? | Kuhu? | Millal?
[kus? | kuhu? | milʲæl?]

J'ai besoin de ...
Mul on ... vaja
[mulʲ on ... vaja]

Je veux ...
Ma tahan ...
[ma tahan ...]

Avez-vous ... ?
Kas teil on ... ?
[kas tejlʲ on ... ?]

Est-ce qu'il y a ... ici?
Kas siin on kusagil ... ?
[kas si:n on kusagilʲ ... ?]

Puis-je ... ?
Kas ma tohin ...?
[kas ma tohin ...?]

s'il vous plaît (pour une demande)
Palun, ...
[palun, ...]

Je cherche ...
Ma otsin ...
[ma otsin ...]

les toilettes
tualetti
[tualetti]

un distributeur
pangaautomaati
[panga:utoma:ti]

une pharmacie
apteeki
[apte:ki]

l'hôpital
haiglat
[haiglat]

le commissariat de police
politseijaoskonda
[politsejjaoskonda]

une station de métro
metroojaama
[metro:ja:ma]

un taxi	**taksot** [taksot]
la gare	**raudteejaama** [raudte:ja:ma]

Je m'appelle ...	**Minu nimi on ...** [minu nimi on ...]
Comment vous appelez-vous?	**Mis teie nimi on?** [mis teje nimi on?]
Aidez-moi, s'il vous plaît.	**Palun aidake mind.** [palun aidake mind]
J'ai un problème.	**Ma vajan teie abi.** [ma ʋajan teje abi]
Je ne me sens pas bien.	**Mul on halb olla.** [mulʲ on halʲb olʲæ]
Appelez une ambulance!	**Kutsuge kiirabi!** [kutsuge ki:rabi!]
Puis-je faire un appel?	**Kas ma tohin helistada?** [kas ma tohin helisʲtada?]

Excusez-moi.	**Vabandage.** [ʋabandage]
Je vous en prie.	**Tänan.** [tænan]

je, moi	**mina, ma** [mina, ma]
tu, toi	**sina, sa** [sina, sa]
il	**tema, ta** [tema, ta]
elle	**tema, ta** [tema, ta]
ils	**nemad, nad** [nemad, nat]
elles	**nemad, nad** [nemad, nat]
nous	**meie, me** [meje, me]
vous	**teie, te** [teje, te]
Vous	**teie** [teje]

ENTRÉE	**SISSEPÄÄS** [sissepæ:s]
SORTIE	**VÄLJAPÄÄS** [ʋæljapæ:s]
HORS SERVICE	EN PANNE	**EI TÖÖTA** [ej tø:ta]
FERMÉ	**SULETUD** [suletut]

OUVERT	**AVATUD** [avatut]
POUR LES FEMMES	**NAISTE** [naisʲte]
POUR LES HOMMES	**MEESTE** [me:sʲte]

VOCABULAIRE THÉMATIQUE

Cette section contient plus de 3000 des mots les plus importants. Le dictionnaire sera d'une aide indispensable lors de voyages à l'étranger puisque les mots individuels sont souvent assez pour être compris. Le dictionnaire comprend une transcription utile de chaque mot

T&P Books Publishing

CONTENU DU DICTIONNAIRE

T&P Books Publishing

CONCEPTS DE BASE

T&P Books Publishing

1. Les pronoms

je	**mina**	[mina]
tu	**sina**	[sina]
il	**tema**	[tema]
elle	**tema**	[tema]
ça	**see**	[se:]
nous	**meie**	[meje]
vous	**teie**	[teje]
ils, elles	**nemad**	[nemat]

2. Adresser des vœux. Se dire bonjour

Bonjour! (fam.)	**Tere!**	[tere!]
Bonjour! (form.)	**Tere!**	[tere!]
Bonjour! (le matin)	**Tere hommikust!**	[tere hommikusʲt!]
Bonjour! (après-midi)	**Tere päevast!**	[tere pæɐʋasʲt!]
Bonsoir!	**Tere õhtust!**	[tere ɜhtusʲt!]
dire bonjour	**teretama**	[teretama]
Salut!	**Tervist!**	[terʋisʲt!]
salut (m)	**tervitus**	[terʋitus]
saluer (vt)	**tervitama**	[terʋitama]
Comment ça va?	**Kuidas läheb?**	[kuidas lʲæheb?]
Quoi de neuf?	**Mis uudist?**	[mis u:disʲt?]
Au revoir!	**Nägemist!**	[nægemisʲt!]
À bientôt!	**Kohtumiseni!**	[kohtumiseni!]
Adieu!	**Hüvasti!**	[hʉʋasʲti!]
dire au revoir	**hüvasti jätma**	[hʉʋasʲti jætma]
Salut! (À bientôt!)	**Hüva!**	[hʉʋa!]
Merci!	**Aitäh!**	[aitæh!]
Merci beaucoup!	**Suur tänu!**	[su:r tænu!]
Je vous en prie	**Palun.**	[palun]
Il n'y a pas de quoi	**Pole tänu väärt.**	[pole tænu ʋæ:rt]
Pas de quoi	**Pole tänu väärt.**	[pole tænu ʋæ:rt]
Excuse-moi!	**Vabanda!**	[ʋabanda!]
Excusez-moi!	**Vabandage!**	[ʋabandage!]
excuser (vt)	**vabandama**	[ʋabandama]
s'excuser (vp)	**vabandama**	[ʋabandama]

Mes excuses	Minu kaastunne	[minu ka:sʲtunne]
Pardonnez-moi!	Andke andeks!	[andke andeks!]
pardonner (vt)	andeks andma	[andeks andma]
C'est pas grave	Pole hullu!	[pole hulʲu]
s'il vous plaît	palun	[palun]

N'oubliez pas!	Pidage meeles!	[pidage me:les!]
Bien sûr!	Muidugi!	[mujdugi!]
Bien sûr que non!	Muidugi mitte!	[mujdugi mitte!]
D'accord!	Ma olen nõus!	[ma olen nɔus!]
Ça suffit!	Aitab küll!	[aitab kʉlʲ!]

3. Les questions

Qui?	Kes?	[kes?]
Quoi?	Mis?	[mis?]
Où? (~ es-tu?)	Kus?	[kus?]
Où? (~ vas-tu?)	Kuhu?	[kuhu?]
D'où?	Kust?	[kusʲt?]
Quand?	Millal?	[milʲæl?]
Pourquoi? (~ es-tu venu?)	Milleks?	[milʲeks?]
Pourquoi? (~ t'es pâle?)	Miks?	[miks?]

À quoi bon?	Mille jaoks?	[milʲe jaoks?]
Comment?	Kuidas?	[kuidas?]
Quel? (à ~ prix?)	Missugune?	[missugune?]
Lequel?	Mis?	[mis?]

À qui? (pour qui?)	Kellele?	[kelʲele?]
De qui?	Kellest?	[kelʲesʲt?]
De quoi?	Millest?	[milʲesʲt?]
Avec qui?	Kellega?	[kelʲega?]

Combien? (dénombr.)	Mitu?	[mitu?]
Combien? (indénombr.)	Kui palju?	[kui palju?]
À qui?	Kelle?	[kelʲe?]

4. Les prépositions

avec (~ toi)	koos	[ko:s]
sans (~ sucre)	ilma	[ilʲma]
à (aller ~ ...)	sisse	[sisse]
de (au sujet de)	kohta	[kohta]
avant (~ midi)	enne	[enne]
devant (~ la maison)	ees	[e:s]

| sous (~ la commode) | all | [alʲ] |
| au-dessus de ... | kohal | [kohalʲ] |

sur (dessus)	peal	[pealʲ]
de (venir ~ Paris)	seest	[se:sʲt]
en (en bois, etc.)	millest tehtud	[milʲesʲt tehtut]

| dans (~ deux heures) | pärast | [pærasʲt] |
| par dessus | läbi | [lʲæbi] |

5. Les mots-outils. Les adverbes. Partie 1

Où? (~ es-tu?)	Kus?	[kus?]
ici (c'est ~)	siin	[si:n]
là-bas (c'est ~)	seal	[sealʲ]

| quelque part (être) | kuskil | [kuskilʲ] |
| nulle part (adv) | mitte kuskil | [mitte kuskilʲ] |

| près de ... | juures | [ju:res] |
| près de la fenêtre | akna juures | [akna ju:res] |

Où? (~ vas-tu?)	Kuhu?	[kuhu?]
ici (Venez ~)	siia	[si:a]
là-bas (j'irai ~)	sinna	[sinna]
d'ici (adv)	siit	[si:t]
de là-bas (adv)	sealt	[sealʲt]

| près (pas loin) | lähedal | [lʲæhedalʲ] |
| loin (adv) | kaugel | [kaugelʲ] |

près de (~ Paris)	kõrval	[kɜrualʲ]
tout près (adv)	lähedal	[lʲæhedalʲ]
pas loin (adv)	lähedale	[lʲæhedale]

gauche (adj)	vasak	[ʊasak]
à gauche (être ~)	vasakul	[ʊasakulʲ]
à gauche (tournez ~)	vasakule	[ʊasakule]

droit (adj)	parem	[parem]
à droite (être ~)	paremal	[paremalʲ]
à droite (tournez ~)	paremale	[paremale]

devant (adv)	eest	[e:sʲt]
de devant (adj)	eesmine	[e:smine]
en avant (adv)	edasi	[edasi]

derrière (adv)	taga	[taga]
par derrière (adv)	tagant	[tagant]
en arrière (regarder ~)	tagasi	[tagasi]

| milieu (m) | keskkoht | [keskkoht] |
| au milieu (adv) | keskel | [keskelʲ] |

de côté (vue ~)	**kõrvalt**	[kɜrʋalʲt]
partout (adv)	**igal pool**	[igalʲ po:lʲ]
autour (adv)	**ümberringi**	[ʉmberringi]
de l'intérieur	**seest**	[se:sʲt]
quelque part (aller)	**kuhugi**	[kuhugi]
tout droit (adv)	**otse**	[otse]
en arrière (revenir ~)	**tagasi**	[tagasi]
de quelque part (n'import d'où)	**kuskilt**	[kuskilʲt]
de quelque part (on ne sait pas d'où)	**kuskilt**	[kuskilʲt]
premièrement (adv)	**esiteks**	[esiteks]
deuxièmement (adv)	**teiseks**	[tejseks]
troisièmement (adv)	**kolmandaks**	[kolʲmandaks]
soudain (adv)	**äkki**	[ækki]
au début (adv)	**alguses**	[alʲguses]
pour la première fois	**esimest korda**	[esimesʲt korda]
bien avant ...	**enne ...**	[enne ...]
de nouveau (adv)	**uuesti**	[u:esʲti]
pour toujours (adv)	**päriseks**	[pæriseks]
jamais (adv)	**mitte kunagi**	[mitte kunagi]
de nouveau, encore (adv)	**jälle**	[jælʲe]
maintenant (adv)	**nüüd**	[nʉ:t]
souvent (adv)	**sageli**	[sageli]
alors (adv)	**siis**	[si:s]
d'urgence (adv)	**kiiresti**	[ki:resʲti]
d'habitude (adv)	**tavaliselt**	[taʋaliselʲt]
à propos, ...	**muuseas, ...**	[mu:seas, ...]
c'est possible	**võimalik**	[ʋɜimalik]
probablement (adv)	**tõenäoliselt**	[tɜenæoliselʲt]
peut-être (adv)	**võib olla**	[ʋɜib olʲæ]
en plus, ...	**peale selle ...**	[peale selʲe ...]
c'est pourquoi ...	**sellepärast**	[selʲepærasʲt]
malgré ...	**... vaatamata**	[... ʋa:tamata]
grâce à ...	**tänu ...**	[tænu ...]
quoi (pron)	**mis**	[mis]
que (conj)	**et**	[et]
quelque chose (Il m'est arrivé ~)	**miski**	[miski]
quelque chose (peut-on faire ~)	**miski**	[miski]
rien (m)	**mitte midagi**	[mitte midagi]
qui (pron)	**kes**	[kes]
quelqu'un (on ne sait pas qui)	**keegi**	[ke:gi]

quelqu'un (n'importe qui)	**keegi**	[ke:gi]
personne (pron)	**mitte keegi**	[mitte ke:gi]
nulle part (aller ~)	**mitte kuhugi**	[mitte kuhugi]
de personne	**ei kellegi oma**	[ej kelʲegi oma]
de n'importe qui	**kellegi oma**	[kelʲegi oma]
comme ça (adv)	**nii**	[ni:]
également (adv)	**samuti**	[samuti]
aussi (adv)	**ka**	[ka]

6. Les mots-outils. Les adverbes. Partie 2

Pourquoi?	**Miks?**	[miks?]
pour une certaine raison	**millegi pärast**	[milʲegi pærasʲt]
parce que ...	**sest ...**	[sesʲt ...]
pour une raison quelconque	**millekski**	[milʲekski]
et (conj)	**ja**	[ja]
ou (conj)	**või**	[ʋɜi]
mais (conj)	**kuid**	[kuit]
pour ... (prep)	**jaoks**	[jaoks]
trop (adv)	**liiga**	[li:ga]
seulement (adv)	**ainult**	[ainulʲt]
précisément (adv)	**täpselt**	[tæpselʲt]
près de ... (prep)	**umbes**	[umbes]
approximativement	**ligikaudu**	[ligikaudu]
approximatif (adj)	**ligikaudne**	[ligikaudne]
presque (adv)	**peaaegu**	[pea:egu]
reste (m)	**ülejäänud**	[ʉlejæ:nut]
l'autre (adj)	**teine**	[tejne]
autre (adj)	**teiste**	[tejsʲte]
chaque (adj)	**iga**	[iga]
n'importe quel (adj)	**mis tahes**	[mis tahes]
beaucoup (adv)	**palju**	[palju]
plusieurs (pron)	**paljud**	[paljut]
tous	**kõik**	[kɜik]
en échange de ...	**... vastu**	[... ʋasʲtu]
en échange (adv)	**asemele**	[asemele]
à la main (adv)	**käsitsi**	[kæsitsi]
peu probable (adj)	**vaevalt**	[ʋaeʋalʲt]
probablement (adv)	**vist**	[ʋisʲt]
exprès (adv)	**meelega**	[me:lega]
par accident (adv)	**juhuslikult**	[juhuslikulʲt]
très (adv)	**väga**	[ʋæga]

par exemple (adv)	**näiteks**	[næjteks]
entre (prep)	**vahel**	[ʋahelʲ]
parmi (prep)	**keskel**	[keskelʲ]
autant (adv)	**niipalju**	[niːpalju]
surtout (adv)	**eriti**	[eriti]

NOMBRES. DIVERS

T&P Books Publishing

zéro	**null**	[nulʲ]
un	**üks**	[ʉks]
deux	**kaks**	[kaks]
trois	**kolm**	[kolʲm]
quatre	**neli**	[neli]

cinq	**viis**	[ʋiːs]
six	**kuus**	[kuːs]
sept	**seitse**	[sejtse]
huit	**kaheksa**	[kaheksa]
neuf	**üheksa**	[ʉheksa]

dix	**kümme**	[kʉmme]
onze	**üksteist**	[ʉksʲtejsʲt]
douze	**kaksteist**	[kaksʲtejsʲt]
treize	**kolmteist**	[kolʲmtejsʲt]
quatorze	**neliteist**	[nelitejsʲt]

quinze	**viisteist**	[ʋiːsʲtejsʲt]
seize	**kuusteist**	[kuːsʲtejsʲt]
dix-sept	**seitseteist**	[sejtsetejsʲt]
dix-huit	**kaheksateist**	[kaheksatejsʲt]
dix-neuf	**üheksateist**	[ʉheksatejsʲt]

vingt	**kakskümmend**	[kakskʉmment]
vingt et un	**kakskümmend üks**	[kakskʉmment ʉks]
vingt-deux	**kakskümmend kaks**	[kakskʉmment kaks]
vingt-trois	**kakskümmend kolm**	[kakskʉmment kolʲm]

trente	**kolmkümmend**	[kolʲmkʉmment]
trente et un	**kolmkümmend üks**	[kolʲmkʉmment ʉks]
trente-deux	**kolmkümmend kaks**	[kolʲmkʉmment kaks]
trente-trois	**kolmkümmend kolm**	[kolʲmkʉmment kolʲm]

quarante	**nelikümmend**	[nelikʉmment]
quarante et un	**nelikümmend üks**	[nelikʉmment ʉks]
quarante-deux	**nelikümmend kaks**	[nelikʉmment kaks]
quarante-trois	**nelikümmend kolm**	[nelikʉmment kolʲm]

cinquante	**viiskümmend**	[ʋiːskʉmment]
cinquante et un	**viiskümmend üks**	[ʋiːskʉmment ʉks]
cinquante-deux	**viiskümmend kaks**	[ʋiːskʉmment kaks]
cinquante-trois	**viiskümmend kolm**	[ʋiːskʉmment kolʲm]
soixante	**kuuskümmend**	[kuːskʉmment]

soixante et un	**kuuskümmend üks**	[ku:skɯmment ɯks]
soixante-deux	**kuuskümmend kaks**	[ku:skɯmment kaks]
soixante-trois	**kuuskümmend kolm**	[ku:skɯmment kolʲm]
soixante-dix	**seitsekümmend**	[sejtsekɯmment]
soixante et onze	**seitsekümmend üks**	[sejtsekɯmment ɯks]
soixante-douze	**seitsekümmend kaks**	[sejtsekɯmment kaks]
soixante-treize	**seitsekümmend kolm**	[sejtsekɯmment kolʲm]
quatre-vingts	**kaheksakümmend**	[kaheksakɯmment]
quatre-vingt et un	**kaheksakümmend üks**	[kaheksakɯmment ɯks]
quatre-vingt deux	**kaheksakümmend kaks**	[kaheksakɯmment kaks]
quatre-vingt trois	**kaheksakümmend kolm**	[kaheksakɯmment kolʲm]
quatre-vingt-dix	**üheksakümmend**	[ɯheksakɯmment]
quatre-vingt et onze	**üheksakümmend üks**	[ɯheksakɯmment ɯks]
quatre-vingt-douze	**üheksakümmend kaks**	[ɯheksakɯmment kaks]
quatre-vingt-treize	**üheksakümmend kolm**	[ɯheksakɯmment kolʲm]

8. Les nombres cardinaux. Partie 2

cent	**sada**	[sada]
deux cents	**kakssada**	[kakssada]
trois cents	**kolmsada**	[kolʲmsada]
quatre cents	**nelisada**	[nelisada]
cinq cents	**viissada**	[ʋi:ssada]
six cents	**kuussada**	[ku:ssada]
sept cents	**seitsesada**	[sejtsesada]
huit cents	**kaheksasada**	[kaheksasada]
neuf cents	**üheksasada**	[ɯheksasada]
mille	**tuhat**	[tuhat]
deux mille	**kaks tuhat**	[kaks tuhat]
trois mille	**kolm tuhat**	[kolʲm tuhat]
dix mille	**kümme tuhat**	[kɯmme tuhat]
cent mille	**sada tuhat**	[sada tuhat]
million (m)	**miljon**	[miljon]
milliard (m)	**miljard**	[miljart]

9. Les nombres ordinaux

premier (adj)	**esimene**	[esimene]
deuxième (adj)	**teine**	[tejne]
troisième (adj)	**kolmas**	[kolʲmas]
quatrième (adj)	**neljas**	[neljas]
cinquième (adj)	**viies**	[ʋi:es]
sixième (adj)	**kuues**	[ku:es]

septième (adj)	**seitsmes**	[sejtsmes]
huitième (adj)	**kaheksas**	[kaheksas]
neuvième (adj)	**üheksas**	[ʉheksas]
dixième (adj)	**kümnes**	[kʉmnes]

T&P BOOKS

LES COULEURS.
LES UNITÉS DE MESURE

T&P Books Publishing

couleur (f)	**värv**	[ʋæːrʋ]
teinte (f)	**varjund**	[ʋarjunt]
ton (m)	**toon**	[toːn]
arc-en-ciel (m)	**vikerkaar**	[ʋikerkaːr]
blanc (adj)	**valge**	[ʋalʲge]
noir (adj)	**must**	[musʲt]
gris (adj)	**hall**	[halʲ]
vert (adj)	**roheline**	[roheline]
jaune (adj)	**kollane**	[kolʲæne]
rouge (adj)	**punane**	[punane]
bleu (adj)	**sinine**	[sinine]
bleu clair (adj)	**helesinine**	[helesinine]
rose (adj)	**roosa**	[roːsa]
orange (adj)	**oranž**	[oranʒ]
violet (adj)	**violetne**	[ʋioletne]
brun (adj)	**pruun**	[pruːn]
d'or (adj)	**kuldne**	[kulʲdne]
argenté (adj)	**hõbedane**	[hɜbedane]
beige (adj)	**beež**	[beːʒ]
crème (adj)	**kreemjas**	[kreːmjas]
turquoise (adj)	**türkiissinine**	[tʉrkiːssinine]
rouge cerise (adj)	**kirsipunane**	[kirsipunane]
lilas (adj)	**lilla**	[lilʲæ]
framboise (adj)	**vaarikpunane**	[ʋaːrikpunane]
clair (adj)	**hele**	[hele]
foncé (adj)	**tume**	[tume]
vif (adj)	**erk**	[erk]
de couleur (adj)	**värvipliiats**	[ʋæːrʋipliːats]
en couleurs (adj)	**värvi-**	[ʋæːrʋi-]
noir et blanc (adj)	**must-valge**	[musʲt-ʋalʲge]
unicolore (adj)	**ühevärviline**	[ʉheʋæːrʋiline]
multicolore (adj)	**mitmevärviline**	[mitmeʋæːrʋiline]

poids (m)	**kaal**	[kaːlʲ]
longueur (f)	**pikkus**	[pikkus]

largeur (f)	laius	[laius]
hauteur (f)	kõrgus	[kɜrgus]
profondeur (f)	sügavus	[sʉgaʊus]
volume (m)	maht	[maht]
aire (f)	pindala	[pindala]

gramme (m)	gramm	[gramm]
milligramme (m)	milligramm	[milʲigramm]
kilogramme (m)	kilogramm	[kilogramm]
tonne (f)	tonn	[tonn]
livre (f)	nael	[naelʲ]
once (f)	unts	[unts]

mètre (m)	meeter	[me:ter]
millimètre (m)	millimeeter	[milʲime:ter]
centimètre (m)	sentimeeter	[sentime:ter]
kilomètre (m)	kilomeeter	[kilome:ter]
mille (m)	miil	[mi:lʲ]

pouce (m)	toll	[tolʲ]
pied (m)	jalg	[jalʲg]
yard (m)	jard	[jart]

mètre (m) carré	ruutmeeter	[ru:tme:ter]
hectare (m)	hektar	[hektar]
litre (m)	liiter	[li:ter]
degré (m)	kraad	[kra:t]
volt (m)	volt	[ʊolʲt]
ampère (m)	amper	[amper]
cheval-vapeur (m)	hobujõud	[hobujɜut]

quantité (f)	hulk	[hulʲk]
un peu de ...	veidi ...	[ʊejdi ...]
moitié (f)	pool	[po:lʲ]
douzaine (f)	tosin	[tosin]
pièce (f)	tükk	[tʉkk]

dimension (f)	suurus	[su:rus]
échelle (f) (de la carte)	mastaap	[masʲta:p]

minimal (adj)	minimaalne	[minima:lʲne]
le plus petit (adj)	kõige väiksem	[kɜige ʊæjksem]
moyen (adj)	keskmine	[keskmine]
maximal (adj)	maksimaalne	[maksima:lʲne]
le plus grand (adj)	kõige suurem	[kɜige su:rem]

12. Les récipients

bocal (m) en verre	klaaspurk	[kla:spurk]
boîte, canette (f)	plekkpurk	[plekkpurk]

seau (m)	**ämber**	[æmber]
tonneau (m)	**tünn**	[tʉnn]
bassine, cuvette (f)	**pesukauss**	[pesukauss]
cuve (f)	**paak**	[pa:k]
flasque (f)	**plasku**	[plasku]
jerrican (m)	**kanister**	[kanisʲter]
citerne (f)	**tsistern**	[tsisʲtern]
tasse (f), mug (m)	**kruus**	[kru:s]
tasse (f)	**tass**	[tass]
soucoupe (f)	**alustass**	[alusʲtass]
verre (m) (~ d'eau)	**klaas**	[kla:s]
verre (m) à vin	**veiniklaas**	[ʋejnikla:s]
faitout (m)	**pott**	[pott]
bouteille (f)	**pudel**	[pudelʲ]
goulot (m)	**pudelikael**	[pudelikaelʲ]
carafe (f)	**karahvin**	[karahʋin]
pichet (m)	**kann**	[kann]
récipient (m)	**nõu**	[nʒu]
pot (m)	**pott**	[pott]
vase (m)	**vaas**	[ʋa:s]
flacon (m)	**pudel**	[pudelʲ]
fiole (f)	**rohupudel**	[rohupudelʲ]
tube (m)	**tuub**	[tu:b]
sac (m) (grand ~)	**kott**	[kott]
sac (m) (~ en plastique)	**kilekott**	[kilekott]
paquet (m) (~ de cigarettes)	**pakk**	[pakk]
boîte (f)	**karp**	[karp]
caisse (f)	**kast**	[kasʲt]
panier (m)	**korv**	[korʋ]

LES VERBES
LES PLUS IMPORTANTS

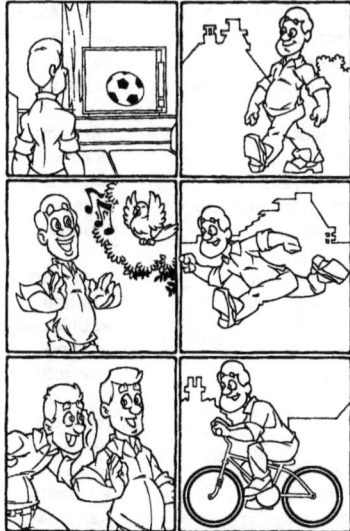

T&P Books Publishing

aider (vt)	**aitama**	[aitama]
aimer (qn)	**armastama**	[armasˈtama]
aller (à pied)	**minema**	[minema]
apercevoir (vt)	**märkama**	[mærkama]
appartenir à …	**kuuluma**	[kuːluma]
appeler (au secours)	**kutsuma**	[kutsuma]
attendre (vt)	**ootama**	[oːtama]
attraper (vt)	**püüdma**	[pʉːdma]
avertir (vt)	**hoiatama**	[hojatama]
avoir (vt)	**omama**	[omama]
avoir confiance	**usaldama**	[usalʲdama]
avoir faim	**süüa tahtma**	[sʉːa tahtma]
avoir peur	**kartma**	[kartma]
avoir soif	**juua tahtma**	[juːa tahtma]
cacher (vt)	**peitma**	[pejtma]
casser (briser)	**murdma**	[murdma]
cesser (vt)	**katkestama**	[katkesʲtama]
changer (vt)	**muutma**	[muːtma]
chasser (animaux)	**jahil käima**	[jahilʲ kæjma]
chercher (vt)	**otsima …**	[otsima …]
choisir (vt)	**valima**	[ʋalima]
commander (~ le menu)	**tellima**	[telʲima]
commencer (vt)	**alustama**	[alusʲtama]
comparer (vt)	**võrdlema**	[ʋɜrtlema]
comprendre (vt)	**aru saama**	[aru saːma]
compter (dénombrer)	**lugema**	[lugema]
compter sur …	**lootma …**	[loːtma …]
confondre (vt)	**segi ajama**	[segi ajama]
connaître (qn)	**tundma**	[tundma]
conseiller (vt)	**soovitama**	[soːʋitama]
continuer (vt)	**jätkama**	[jætkama]
contrôler (vt)	**kontrollima**	[kontrolʲima]
courir (vi)	**jooksma**	[joːksma]
coûter (vt)	**maksma**	[maksma]
créer (vt)	**looma**	[loːma]
creuser (vt)	**kaevama**	[kaeʋama]
crier (vi)	**karjuma**	[karjuma]

14. Les verbes les plus importants. Partie 2

décorer (~ la maison)	ehtima	[ehtima]
défendre (vt)	kaitsma	[kaitsma]
déjeuner (vi)	lõunat sööma	[lɜunat sø:ma]
demander (~ l'heure)	küsima	[kʉsima]
demander (de faire qch)	paluma	[paluma]
descendre (vi)	laskuma	[laskuma]
deviner (vt)	ära arvama	[æra arʋama]
dîner (vi)	õhtust sööma	[ɜhtusᶦt sø:ma]
dire (vt)	ütlema	[ʉtlema]
diriger (~ une usine)	juhtima	[juhtima]
discuter (vt)	arutama	[arutama]
donner (vt)	andma	[andma]
donner un indice	vihjama	[ʋihjama]
douter (vt)	kahtlema	[kahtlema]
écrire (vt)	kirjutama	[kirjutama]
entendre (bruit, etc.)	kuulma	[ku:lᶦma]
entrer (vi)	sisse tulema	[sisse tulema]
envoyer (vt)	saatma	[sa:tma]
espérer (vi)	lootma	[lo:tma]
essayer (vt)	proovima	[pro:ʋima]
être (vi)	olema	[olema]
être d'accord	nõustuma	[nɜusᶦtuma]
être nécessaire	tarvis olema	[tarʋis olema]
être pressé	kiirustama	[ki:rusᶦtama]
étudier (vt)	uurima	[u:rima]
excuser (vt)	vabandama	[ʋabandama]
exiger (vt)	nõudma	[nɜudma]
exister (vi)	olemas olema	[olemas olema]
expliquer (vt)	seletama	[seletama]
faire (vt)	tegema	[tegema]
faire tomber	pillama	[pilᶦæma]
finir (vt)	lõpetama	[lɜpetama]
garder (conserver)	säilitama	[sæjlitama]
gronder, réprimander (vt)	sõimama	[sɜimama]
informer (vt)	teavitama	[teaʋitama]
insister (vi)	nõudma	[nɜudma]
insulter (vt)	solvama	[solᶦʋama]
inviter (vt)	kutsuma	[kutsuma]
jouer (s'amuser)	mängima	[mæŋgima]

15. Les verbes les plus importants. Partie 3

libérer (ville, etc.)	vabastama	[ʋabasⁱtama]
lire (vi, vt)	lugema	[lugema]
louer (prendre en location)	üürima	[ʉ:rima]
manquer (l'école)	puuduma	[pu:duma]
menacer (vt)	ähvardama	[æhʋardama]
mentionner (vt)	meelde tuletama	[me:lʲde tuletama]
montrer (vt)	näitama	[næjtama]
nager (vi)	ujuma	[ujuma]
objecter (vt)	vastu vaidlema	[ʋasⁱtu ʋaitlema]
observer (vt)	jälgima	[jælʲgima]
ordonner (mil.)	käskima	[kæskima]
oublier (vt)	unustama	[unusⁱtama]
ouvrir (vt)	lahti tegema	[lahti tegema]
pardonner (vt)	andeks andma	[andeks andma]
parler (vi, vt)	rääkima	[ræ:kima]
participer à ...	osa võtma	[osa ʋɜtma]
payer (régler)	maksma	[maksma]
penser (vi, vt)	mõtlema	[mɜtlema]
permettre (vt)	lubama	[lubama]
plaire (être apprécié)	meeldima	[me:lʲdima]
plaisanter (vi)	nalja tegema	[nalja tegema]
planifier (vt)	planeerima	[plane:rima]
pleurer (vi)	nutma	[nutma]
posséder (vt)	valdama	[ʋalʲdama]
pouvoir (v aux)	võima	[ʋɜima]
préférer (vt)	eelistama	[e:lisⁱtama]
prendre (vt)	võtma	[ʋɜtma]
prendre en note	üles kirjutama	[ʉles kirjutama]
prendre le petit déjeuner	hommikust sööma	[hommikusⁱt sø:ma]
préparer (le dîner)	süüa tegema	[sʉ:a tegema]
prévoir (vt)	ette nägema	[ette nægema]
prier (~ Dieu)	palvetama	[palʲʋetama]
promettre (vt)	lubama	[lubama]
prononcer (vt)	hääldama	[hæ:lʲdama]
proposer (vt)	pakkuma	[pakkuma]
punir (vt)	karistama	[karisⁱtama]

16. Les verbes les plus importants. Partie 4

recommander (vt)	soovitama	[so:ʋitama]
regretter (vt)	kahetsema	[kahetsema]

répéter (dire encore)	**kordama**	[kordama]
répondre (vi, vt)	**vastama**	[ʋasʲtama]
réserver (une chambre)	**reserveerima**	[reserʋe:rima]
rester silencieux	**vaikima**	[ʋaikima]
réunir (regrouper)	**ühendama**	[ʉhendama]
rire (vi)	**naerma**	[naerma]
s'arrêter (vp)	**peatuma**	[peatuma]
s'asseoir (vp)	**istuma**	[isʲtuma]
sauver (la vie à qn)	**päästma**	[pæ:sʲtma]
savoir (qch)	**teadma**	[teadma]
se baigner (vp)	**suplema**	[suplema]
se plaindre (vp)	**kaebama**	[kaebama]
se refuser (vp)	**keelduma**	[ke:lʲduma]
se tromper (vp)	**eksima**	[eksima]
se vanter (vp)	**kiitlema**	[ki:tlema]
s'étonner (vp)	**imestama**	[imesʲtama]
s'excuser (vp)	**vabandama**	[ʋabandama]
signer (vt)	**allkirjastama**	[alʲkirjasʲtama]
signifier (vt)	**tähendama**	[tæhendama]
s'intéresser (vp)	**huvi tundma**	[huʋi tundma]
sortir (aller dehors)	**välja tulema**	[ʋælja tulema]
sourire (vi)	**naeratama**	[naeratama]
sous-estimer (vt)	**alahindama**	[alahindama]
suivre … (suivez-moi)	**järgnema …**	[jærgnema …]
tirer (vi)	**tulistama**	[tulisʲtama]
tomber (vi)	**kukkuma**	[kukkuma]
toucher (avec les mains)	**puudutama**	[pu:dutama]
tourner (~ à gauche)	**pöörama**	[pø:rama]
traduire (vt)	**tõlkima**	[tɜlʲkima]
travailler (vi)	**töötama**	[tø:tama]
tromper (vt)	**petma**	[petma]
trouver (vt)	**leidma**	[lejdma]
tuer (vt)	**tapma**	[tapma]
vendre (vt)	**müüma**	[mʉ:ma]
venir (vi)	**saabuma**	[sa:buma]
voir (vt)	**nägema**	[nægema]
voler (avion, oiseau)	**lendama**	[lendama]
voler (qch à qn)	**varastama**	[ʋarasʲtama]
vouloir (vt)	**tahtma**	[tahtma]

LA NOTION DE TEMPS.
LE CALENDRIER

T&P Books Publishing

lundi (m)	esmaspäev	[esmaspæəʊ]
mardi (m)	teisipäev	[tejsipæəʊ]
mercredi (m)	kolmapäev	[kolʲmapæəʊ]
jeudi (m)	neljapäev	[neljapæəʊ]
vendredi (m)	reede	[re:de]
samedi (m)	laupäev	[laupæəʊ]
dimanche (m)	pühapäev	[pʉhapæəʊ]
aujourd'hui (adv)	täna	[tæna]
demain (adv)	homme	[homme]
après-demain (adv)	ülehomme	[ʉlehomme]
hier (adv)	eile	[ejle]
avant-hier (adv)	üleeile	[ʉle:jle]
jour (m)	päev	[pæəʊ]
jour (m) ouvrable	tööpäev	[tø:pæəʊ]
jour (m) férié	pidupäev	[pidupæəʊ]
jour (m) de repos	puhkepäev	[puhkepæəʊ]
week-end (m)	nädalavahetus	[nædalaʊahetus]
toute la journée	terve päev	[terʊe pæəʊ]
le lendemain	järgmiseks päevaks	[jærgmiseks pæəʊaks]
il y a 2 jours	kaks päeva tagasi	[kaks pæəʊa tagasi]
la veille	eile õhtul	[ejle ɜhtulʲ]
quotidien (adj)	igapäevane	[igapæəʊane]
tous les jours	iga päev	[iga pæəʊ]
semaine (f)	nädal	[nædalʲ]
la semaine dernière	möödunud nädalal	[mø:dunut nædalalʲ]
la semaine prochaine	järgmisel nädalal	[jærgmiselʲ nædalalʲ]
hebdomadaire (adj)	iganädalane	[iganædalane]
chaque semaine	igal nädalal	[igalʲ nædalalʲ]
2 fois par semaine	kaks korda nädalas	[kaks korda nædalas]
tous les mardis	igal teisipäeval	[igalʲ tejsipæəʊalʲ]

matin (m)	hommik	[hommik]
le matin	hommikul	[hommikulʲ]
midi (m)	keskpäev	[keskpæəʊ]
dans l'après-midi	pärast lõunat	[pærasʲt lɜunat]
soir (m)	õhtu	[ɜhtu]

le soir	õhtul	[ɜhtulʲ]
nuit (f)	öö	[ø:]
la nuit	öösel	[ø:selʲ]
minuit (f)	kesköö	[keskø:]

seconde (f)	sekund	[sekunt]
minute (f)	minut	[minut]
heure (f)	tund	[tunt]
demi-heure (f)	pool tundi	[po:lʲ tundi]
un quart d'heure	veerand tundi	[ʋe:rant tundi]
quinze minutes	viisteist minutit	[ʋi:sʲtejsʲt minutit]
vingt-quatre heures	ööpäev	[ø:pæəu]

lever (m) du soleil	päikesetõus	[pæjkeset3us]
aube (f)	koit	[kojt]
point (m) du jour	varahommik	[ʋarahommik]
coucher (m) du soleil	loojang	[lo:jang]

tôt le matin	hommikul vara	[hommikulʲ ʋara]
ce matin	täna hommikul	[tæna hommikulʲ]
demain matin	homme hommikul	[homme hommikulʲ]

cet après-midi	täna päeval	[tæna pæəualʲ]
dans l'après-midi	pärast lõunat	[pærasʲt l3unat]
demain après-midi	homme pärast lõunat	[homme pærasʲt l3unat]

| ce soir | täna õhtul | [tæna ɜhtulʲ] |
| demain soir | homme õhtul | [homme ɜhtulʲ] |

à 3 heures précises	täpselt kell kolm	[tæpselʲt kelʲ kolʲm]
autour de 4 heures	umbes kell neli	[umbes kelʲ neli]
vers midi	kella kaheteistkümneks	[kelʲæ kahetejsʲtkɵmneks]

dans 20 minutes	kahekümne minuti pärast	[kahekɵmne minuti pærasʲt]
dans une heure	tunni aja pärast	[tunni aja pærasʲt]
à temps	õigeks ajaks	[ɜigeks ajaks]

... moins le quart	kolmveerand	[kolʲmʋue:rant]
en une heure	tunni aja jooksul	[tunni aja jo:ksulʲ]
tous les quarts d'heure	iga viieteist minuti tagant	[iga ʋi:etejsʲt minuti tagant]
24 heures sur 24	terve ööpäev	[terʋe ø:pæəu]

19. Les mois. Les saisons

janvier (m)	jaanuar	[ja:nuar]
février (m)	veebruar	[ʋe:bruar]
mars (m)	märts	[mærts]
avril (m)	aprill	[aprilʲ]

mai (m)	mai	[mai]
juin (m)	juuni	[juːni]

juillet (m)	juuli	[juːli]
août (m)	august	[augusʲt]
septembre (m)	september	[september]
octobre (m)	oktoober	[oktoːber]
novembre (m)	november	[noʋember]
décembre (m)	detsember	[detsember]

printemps (m)	kevad	[keʋat]
au printemps	kevadel	[keʋadelʲ]
de printemps (adj)	kevadine	[keʋadine]

été (m)	suvi	[suʋi]
en été	suvel	[suʋelʲ]
d'été (adj)	suvine	[suʋine]

automne (m)	sügis	[sɤgis]
en automne	sügisel	[sɤgiselʲ]
d'automne (adj)	sügisene	[sɤgisene]

hiver (m)	talv	[talʲʋ]
en hiver	talvel	[talʲʋelʲ]
d'hiver (adj)	talvine	[talʲʋine]

mois (m)	kuu	[kuː]
ce mois	selles kuus	[selʲes kuːs]
le mois prochain	järgmises kuus	[jærgmises kuːs]
le mois dernier	möödunud kuus	[møːdunut kuːs]

il y a un mois	kuu aega tagasi	[kuː aega tagasi]
dans un mois	kuu aja pärast	[kuː aja pærasʲt]
dans 2 mois	kahe kuu pärast	[kahe kuː pærasʲt]
tout le mois	terve kuu	[terʋe kuː]
tout un mois	terve kuu	[terʋe kuː]

mensuel (adj)	igakuine	[igakuine]
mensuellement	igas kuus	[igas kuːs]
chaque mois	iga kuu	[iga kuː]
2 fois par mois	kaks korda kuus	[kaks korda kuːs]

année (f)	aasta	[aːsʲta]
cette année	sel aastal	[selʲ aːsʲtalʲ]
l'année prochaine	järgmisel aastal	[jærgmiselʲ aːsʲtalʲ]
l'année dernière	möödunud aastal	[møːdunut aːsʲtalʲ]

il y a un an	aasta tagasi	[aːsʲta tagasi]
dans un an	aasta pärast	[aːsʲta pærasʲt]
dans 2 ans	kahe aasta pärast	[kahe aːsʲta pærasʲt]
toute l'année	kogu aasta	[kogu aːsʲta]
toute une année	terve aasta	[terʋe aːsʲta]

chaque année	**igal aastal**	[igalʲ a:sʲtalʲ]
annuel (adj)	**iga-aastane**	[iga-a:sʲtane]
annuellement	**igal aastal**	[igalʲ a:sʲtalʲ]
4 fois par an	**neli korda aastas**	[neli korda a:sʲtas]
date (f) (jour du mois)	**kuupäev**	[ku:pæəʋ]
date (f) (~ mémorable)	**kuupäev**	[ku:pæəʋ]
calendrier (m)	**kalender**	[kalender]
six mois	**pool aastat**	[po:lʲ a:sʲtat]
semestre (m)	**poolaasta**	[po:la:sʲta]
saison (f)	**hooaeg**	[ho:aeg]
siècle (m)	**sajand**	[sajant]

LES VOYAGES. L'HÔTEL

USD   CAD
EUR   CHF
JPY   HKD
GBP   CNY

RECEPTION

T&P Books Publishing

tourisme (m)	turism	[turism]
touriste (m)	turist	[turisⁱt]
voyage (m) (à l'étranger)	reis	[rejs]
aventure (f)	seiklus	[sejklus]
voyage (m)	sõit	[sɜit]

vacances (f pl)	puhkus	[puhkus]
être en vacances	puhkusel olema	[puhkuselʲ olema]
repos (m) (jours de ~)	puhkus	[puhkus]

train (m)	rong	[rong]
en train	rongiga	[rongiga]
avion (m)	lennuk	[lennuk]
en avion	lennukiga	[lennukiga]
en voiture	autoga	[autoga]
en bateau	laevaga	[laeʋaga]

bagage (m)	pagas	[pagas]
malle (f)	kohver	[kohʋer]
chariot (m)	pagasikäru	[pagasikæru]

passeport (m)	pass	[pass]
visa (m)	viisa	[ʋiːsa]
ticket (m)	pilet	[pilet]
billet (m) d'avion	lennukipilet	[lennukipilet]

guide (m) (livre)	teejuht	[teːjuht]
carte (f)	kaart	[kaːrt]
région (f) (~ rurale)	ala	[ala]
endroit (m)	koht	[koht]

exotisme (m)	eksootika	[eksoːtika]
exotique (adj)	eksootiline	[eksoːtiline]
étonnant (adj)	üllatav	[ɨlʲætaʋ]
groupe (m)	grupp	[grupp]
excursion (f)	ekskursioon	[ekskursioːn]
guide (m) (personne)	ekskursioonijuht	[ekskursioːnijuht]

21. L'hôtel

hôtel (m)	võõrastemaja	[ʋɜːrasʲtemaja]
hôtel (m)	hotell	[hotelʲ]

motel (m)	motell	[moteli]
3 étoiles	kolm tärni	[kolim tærni]
5 étoiles	viis tärni	[ʋiːs tærni]
descendre (à l'hôtel)	peatuma	[peatuma]

chambre (f)	number	[number]
chambre (f) simple	üheinimesetuba	[ʉhejnimesetuba]
chambre (f) double	kaheinimesetuba	[kahejnimesetuba]
réserver une chambre	tuba kinni panema	[tuba kinni panema]

demi-pension (f)	poolpansion	[poːlipansion]
pension (f) complète	täispansion	[tæjspansion]
avec une salle de bain	vannitoaga	[ʋannitoaga]
avec une douche	dušiga	[duʃiga]
télévision (f) par satellite	satelliittelevisioon	[satelii:tteleʋisio:n]
climatiseur (m)	konditsioneer	[konditsione:r]
serviette (f)	käterätik	[kæterætik]
clé (f)	võti	[ʋɔti]

administrateur (m)	administraator	[adminisitra:tor]
femme (f) de chambre	toatüdruk	[toatʉdruk]
porteur (m)	pakikandja	[pakikandja]
portier (m)	uksehoidja	[uksehojdja]

restaurant (m)	restoran	[resitoran]
bar (m)	baar	[ba:r]
petit déjeuner (m)	hommikusöök	[hommikusø:k]
dîner (m)	õhtusöök	[ɜhtusø:k]
buffet (m)	rootsi laud	[ro:tsi laut]

| hall (m) | vestibüül | [ʋesitibʉ:li] |
| ascenseur (m) | lift | [lift] |

| PRIÈRE DE NE PAS DÉRANGER | MITTE SEGADA | [mitte segada] |
| DÉFENSE DE FUMER | MITTE SUITSETADA! | [mitte suitsetada!] |

22. Le tourisme

monument (m)	mälestussammas	[mælesitussammas]
forteresse (f)	kindlus	[kintlus]
palais (m)	loss	[loss]
château (m)	loss	[loss]
tour (f)	torn	[torn]
mausolée (m)	mausoleum	[mausoleum]

architecture (f)	arhitektuur	[arhitektu:r]
médiéval (adj)	keskaegne	[keskaegne]
ancien (adj)	vanaaegne	[ʋana:egne]
national (adj)	rahvuslik	[rahʋuslik]

connu (adj)	**tuntud**	[tuntut]
touriste (m)	**turist**	[turisʲt]
guide (m) (personne)	**giid**	[giːt]
excursion (f)	**ekskursioon**	[ekskursioːn]
montrer (vt)	**näitama**	[næjtama]
raconter (une histoire)	**jutustama**	[jutusʲtama]

trouver (vt)	**leidma**	[lejdma]
se perdre (vp)	**ära kaduma**	[æra kaduma]
plan (m) (du metro, etc.)	**skeem**	[skeːm]
carte (f) (de la ville, etc.)	**plaan**	[plaːn]

souvenir (m)	**suveniir**	[suʋeniːr]
boutique (f) de souvenirs	**suveniirikauplus**	[suʋeniːrikauplus]
prendre en photo	**pildistama**	[pilʲdisʲtama]
se faire prendre en photo	**laskma pildistada**	[laskma pilʲdisʲtada]

T&P BOOKS

LES TRANSPORTS

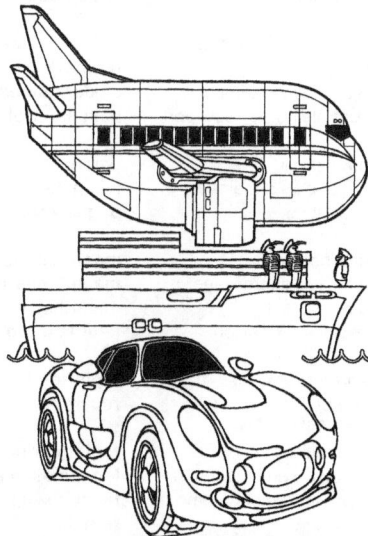

T&P Books Publishing

23. L'aéroport

aéroport (m)	**lennujaam**	[lennuja:m]
avion (m)	**lennuk**	[lennuk]
compagnie (f) aérienne	**lennukompanii**	[lennukompani:]
contrôleur (m) aérien	**dispetšer**	[dispetʃer]
départ (m)	**väljalend**	[ʋæljalent]
arrivée (f)	**saabumine**	[sa:bumine]
arriver (par avion)	**saabuma**	[sa:buma]
temps (m) de départ	**väljalennuaeg**	[ʋæljalennuaeg]
temps (m) d'arrivée	**saabumisaeg**	[sa:bumisaeg]
être retardé	**hilinema**	[hilinema]
retard (m) de l'avion	**väljalend hilineb**	[ʋæljalent hilineb]
tableau (m) d'informations	**teadetetabloo**	[teadetetablo:]
information (f)	**teave**	[teaʋe]
annoncer (vt)	**teatama**	[teatama]
vol (m)	**reis**	[rejs]
douane (f)	**toll**	[tolʲ]
douanier (m)	**tolliametnik**	[tolʲiametnik]
déclaration (f) de douane	**deklaratsioon**	[deklaratsio:n]
remplir (vt)	**täitma**	[tæjtma]
remplir la déclaration	**deklaratsiooni täitma**	[deklaratsio:ni tæjtma]
contrôle (m) de passeport	**passikontroll**	[passikontrolʲ]
bagage (m)	**pagas**	[pagas]
bagage (m) à main	**käsipakid**	[kæsipakit]
chariot (m)	**pagasikäru**	[pagasikæru]
atterrissage (m)	**maandumine**	[ma:ndumine]
piste (f) d'atterrissage	**maandumisrada**	[ma:ndumisrada]
atterrir (vi)	**maanduma**	[ma:nduma]
escalier (m) d'avion	**lennukitrepp**	[lennukitrepp]
enregistrement (m)	**registreerimine**	[regisʲtre:rimine]
comptoir (m) d'enregistrement	**registreerimiselett**	[regisʲtre:rimiselett]
s'enregistrer (vp)	**registreerima**	[regisʲtre:rima]
carte (f) d'embarquement	**lennukissemineku talong**	[lennukissemineku talong]
porte (f) d'embarquement	**lennukisse minek**	[lennukisse minek]
transit (m)	**transiit**	[transi:t]

attendre (vt)	ootama	[o:tama]
salle (f) d'attente	ooteruum	[o:teru:m]
raccompagner	saatma	[sa:tma]
(à l'aéroport, etc.)		
dire au revoir	hüvasti jätma	[hʉʋasʲti jætma]

24. L'avion

avion (m)	lennuk	[lennuk]
billet (m) d'avion	lennukipilet	[lennukipilet]
compagnie (f) aérienne	lennukompanii	[lennukompani:]
aéroport (m)	lennujaam	[lennuja:m]
supersonique (adj)	ülehelikiiruse	[ʉleheliki:ruse]

commandant (m) de bord	lennukikomandör	[lennukikomandør]
équipage (m)	meeskond	[me:skont]
pilote (m)	piloot	[pilo:t]
hôtesse (f) de l'air	stjuardess	[sʲtjuardess]
navigateur (m)	tüürimees	[tʉ:rime:s]

ailes (f pl)	tiivad	[ti:ʋat]
queue (f)	saba	[saba]
cabine (f)	kabiin	[kabi:n]
moteur (m)	mootor	[mo:tor]
train (m) d'atterrissage	telik	[telik]
turbine (f)	turbiin	[turbi:n]

hélice (f)	propeller	[propelʲer]
boîte (f) noire	must kast	[musʲt kasʲt]
gouvernail (m)	tüür	[tʉ:r]
carburant (m)	kütus	[kʉtus]

consigne (f) de sécurité	instruktsioon	[insʲtruktsio:n]
masque (m) à oxygène	hapnikumask	[hapnikumask]
uniforme (m)	vormiriietus	[ʋormiri:etus]
gilet (m) de sauvetage	päästevest	[pæ:sʲteʋesʲt]
parachute (m)	langevari	[langeʋari]

décollage (m)	õhkutõusmine	[ɜhkutɜusmine]
décoller (vi)	õhku tõusma	[ɜhku tɜusma]
piste (f) de décollage	tõusurada	[tɜusurada]

visibilité (f)	nähtavus	[næhtaʋus]
vol (m) (~ d'oiseau)	lend	[lent]
altitude (f)	kõrgus	[kɜrgus]
trou (m) d'air	õhuauk	[ɜhuauk]

place (f)	koht	[koht]
écouteurs (m pl)	kõrvaklapid	[kɜrʋaklapit]
tablette (f)	klapplaud	[klapplaut]

hublot (m)	illuminaator	[iǀumina:tor]
couloir (m)	vahekäik	[ʋahekæjk]

25. Le train

train (m)	rong	[rong]
train (m) de banlieue	elektrirong	[elektrirong]
TGV (m)	kiirrong	[ki:rrong]
locomotive (f) diesel	mootorvedur	[mo:torʋedur]
locomotive (f) à vapeur	auruvedur	[auruʋedur]

wagon (m)	vagun	[ʋagun]
wagon-restaurant (m)	restoranvagun	[resǀtoranʋagun]

rails (m pl)	rööpad	[rø:pat]
chemin (m) de fer	raudtee	[raudte:]
traverse (f)	liiper	[li:per]

quai (m)	platvorm	[platʋorm]
voie (f)	tee	[te:]
sémaphore (m)	semafor	[semafor]
station (f)	jaam	[ja:m]

conducteur (m) de train	vedurijuht	[ʋedurijuht]
porteur (m)	pakikandja	[pakikandja]
steward (m)	vagunisaatja	[ʋagunisa:tja]
passager (m)	reisija	[rejsija]
contrôleur (m) de billets	kontrolör	[kontrolør]

couloir (m)	koridor	[koridor]
frein (m) d'urgence	hädapidur	[hædapidur]

compartiment (m)	kupee	[kupe:]
couchette (f)	nari	[nari]
couchette (f) d'en haut	ülemine nari	[ʉlemine nari]
couchette (f) d'en bas	alumine nari	[alumine nari]
linge (m) de lit	voodipesu	[ʋo:dipesu]

ticket (m)	pilet	[pilet]
horaire (m)	sõiduplaan	[sɜidupla:n]
tableau (m) d'informations	tabloo	[tablo:]

partir (vi)	väljuma	[ʋæljuma]
départ (m) (du train)	väljumine	[ʋæljumine]
arriver (le train)	saabuma	[sa:buma]
arrivée (f)	saabumine	[sa:bumine]

arriver en train	rongiga saabuma	[rongiga sa:buma]
prendre le train	rongile minema	[rongile minema]
descendre du train	rongilt maha minema	[rongilǀt maha minema]

accident (m) ferroviaire	rongiõnnetus	[rongiɜnnetus]
dérailler (vi)	rööbastelt	[rø:basʲtelʲt]
	maha jooksma	maha jo:ksma]
locomotive (f) à vapeur	auruvedur	[auruʋedur]
chauffeur (m)	kütja	[kʉtja]
chauffe (f)	kolle	[kolʲe]
charbon (m)	süsi	[sʉsi]

26. Le bateau

bateau (m)	laev	[laeʋ]
navire (m)	laev	[laeʋ]
bateau (m) à vapeur	aurik	[aurik]
paquebot (m)	mootorlaev	[mo:torlaeʋ]
bateau (m) de croisière	liinilaev	[li:nilaeʋ]
croiseur (m)	ristleja	[risʲtleja]
yacht (m)	jaht	[jaht]
remorqueur (m)	puksiir	[puksi:r]
péniche (f)	lodi	[lodi]
ferry (m)	parvlaev	[parʋlaeʋ]
voilier (m)	purjelaev	[purjelaeʋ]
brigantin (m)	brigantiin	[briganti:n]
brise-glace (m)	jäälõhkuja	[jæ:lɜhkuja]
sous-marin (m)	allveelaev	[alʲʋe:laeʋ]
canot (m) à rames	paat	[pa:t]
dinghy (m)	luup	[lu:p]
canot (m) de sauvetage	päästepaat	[pæ:sʲtepa:t]
canot (m) à moteur	kaater	[ka:ter]
capitaine (m)	kapten	[kapten]
matelot (m)	madrus	[madrus]
marin (m)	meremees	[mereme:s]
équipage (m)	meeskond	[me:skont]
maître (m) d'équipage	pootsman	[po:tsman]
mousse (m)	junga	[junga]
cuisinier (m) du bord	kokk	[kokk]
médecin (m) de bord	laevaarst	[laeʋa:rsʲt]
pont (m)	tekk	[tekk]
mât (m)	mast	[masʲt]
voile (f)	puri	[puri]
cale (f)	trümm	[trʉmm]
proue (f)	vöör	[ʋø:r]

poupe (f)	ahter	[ahter]
rame (f)	aer	[aer]
hélice (f)	kruvi	[kruʋi]

cabine (f)	kajut	[kajut]
carré (m) des officiers	ühiskajut	[ʉhiskajut]
salle (f) des machines	masinaruum	[masinaru:m]
passerelle (f)	kaptenisild	[kaptenisilʲt]
cabine (f) de T.S.F.	raadiosõlm	[ra:diosɜlʲm]
onde (f)	raadiolaine	[ra:diolaine]
journal (m) de bord	logiraamat	[logira:mat]

longue-vue (f)	pikksilm	[pikksilʲm]
cloche (f)	kirikukell	[kirikukelʲ]
pavillon (m)	lipp	[lipp]

grosse corde (f) tressée	köis	[køis]
nœud (m) marin	sõlm	[sɜlʲm]

rampe (f)	käsipuu	[kæsipu:]
passerelle (f)	trapp	[trapp]

ancre (f)	ankur	[ankur]
lever l'ancre	ankur sisse	[ankur sisse]
jeter l'ancre	ankur välja	[ankur ʋælja]
chaîne (f) d'ancrage	ankrukett	[ankrukett]

port (m)	sadam	[sadam]
embarcadère (m)	sadam	[sadam]
accoster (vi)	randuma	[randuma]
larguer les amarres	kaldast eemalduma	[kalʲdasʲt e:malʲduma]

voyage (m) (à l'étranger)	reis	[rejs]
croisière (f)	kruiis	[krui:s]
cap (m) (suivre un ~)	kurss	[kurss]
itinéraire (m)	marsruut	[marsru:t]

chenal (m)	laevasõidutee	[laeʋasɜidute:]
bas-fond (m)	madalik	[madalik]
échouer sur un bas-fond	madalikule jääma	[madalikule jæ:ma]

tempête (f)	torm	[torm]
signal (m)	signaal	[signa:lʲ]
sombrer (vi)	uppuma	[uppuma]
Un homme à la mer!	Mees üle parda!	[me:s ʉle parda!]
SOS (m)	SOS	[sos]
bouée (f) de sauvetage	päästerõngas	[pæ:sʲterɜngas]

T&P BOOKS

LA VILLE

T&P Books Publishing

27. Les transports en commun

autobus (m)	**buss**	[buss]
tramway (m)	**tramm**	[tramm]
trolleybus (m)	**troll**	[trolʲ]
itinéraire (m)	**marsruut**	[marsru:t]
numéro (m)	**number**	[number]
prendre ...	**... sõitma**	[... sɜitma]
monter (dans l'autobus)	**sisenema**	[sisenema]
descendre de ...	**maha minema**	[maha minema]
arrêt (m)	**peatus**	[peatus]
arrêt (m) prochain	**järgmine peatus**	[jærgmine peatus]
terminus (m)	**lõpp-peatus**	[lɜpp-peatus]
horaire (m)	**sõiduplaan**	[sɜidupla:n]
attendre (vt)	**ootama**	[o:tama]
ticket (m)	**pilet**	[pilet]
prix (m) du ticket	**pileti hind**	[pileti hint]
caissier (m)	**kassiir**	[kassi:r]
contrôle (m) des tickets	**piletikontroll**	[piletikontrolʲ]
contrôleur (m)	**kontrolör**	[kontrolør]
être en retard	**hilinema**	[hilinema]
rater (~ le train)	**hiljaks jääma**	[hiljaks jæ:ma]
se dépêcher	**ruttama**	[ruttama]
taxi (m)	**takso**	[takso]
chauffeur (m) de taxi	**taksojuht**	[taksojuht]
en taxi	**taksoga**	[taksoga]
arrêt (m) de taxi	**taksopeatus**	[taksopeatus]
appeler un taxi	**taksot välja kutsuma**	[taksot ʋælja kutsuma]
prendre un taxi	**taksot võtma**	[taksot ʋɜtma]
trafic (m)	**tänavaliiklus**	[tænaʋali:klus]
embouteillage (m)	**liiklusummik**	[li:klusummik]
heures (f pl) de pointe	**tipptund**	[tipptunt]
se garer (vp)	**parkima**	[parkima]
garer (vt)	**parkima**	[parkima]
parking (m)	**parkla**	[parkla]
métro (m)	**metroo**	[metro:]
station (f)	**jaam**	[ja:m]
prendre le métro	**metrooga sõitma**	[metro:ga sɜitma]

train (m)	rong	[rong]
gare (f)	raudteejaam	[raudte:ja:m]

28. La ville. La vie urbaine

ville (f)	linn	[linn]
capitale (f)	pealinn	[pealinn]
village (m)	küla	[kʉla]

plan (m) de la ville	linnaplaan	[linnapla:n]
centre-ville (m)	kesklinn	[kesklinn]
banlieue (f)	linnalähedane asula	[linnalʲæhedane asula]
de banlieue (adj)	linnalähedane	[linnalʲæhedane]

périphérie (f)	äärelinn	[æ:relinn]
alentours (m pl)	ümbrus	[ʉmbrus]
quartier (m)	kvartal	[kʋartalʲ]
quartier (m) résidentiel	elamukvartal	[elamukʋartalʲ]

trafic (m)	liiklus	[li:klus]
feux (m pl) de circulation	valgusfoor	[ʋalʲgusfo:r]
transport (m) urbain	linnatransport	[linnatransport]
carrefour (m)	ristmik	[risʲtmik]

passage (m) piéton	ülekäik	[ʉlekæjk]
passage (m) souterrain	jalakäijate tunnel	[jalakæjjate tunnelʲ]
traverser (vt)	üle tänava minema	[ʉle tænaʋa minema]
piéton (m)	jalakäija	[jalakæjja]
trottoir (m)	kõnnitee	[kɜnnite:]

pont (m)	sild	[silʲt]
quai (m)	kaldapealne	[kalʲdapealʲne]
fontaine (f)	purskkaev	[purskkaeʋ]

allée (f)	allee	[alʲe:]
parc (m)	park	[park]
boulevard (m)	puiestee	[puiesʲte:]
place (f)	väljak	[ʋæljak]
avenue (f)	prospekt	[prospekt]
rue (f)	tänav	[tænaʋ]
ruelle (f)	põiktänav	[pɜiktænaʋ]
impasse (f)	umbtänav	[umbtænaʋ]

maison (f)	maja	[maja]
édifice (m)	hoone	[ho:ne]
gratte-ciel (m)	pilvelõhkuja	[pilʲʋelɜhkuja]

façade (f)	fassaad	[fassa:t]
toit (m)	katus	[katus]
fenêtre (f)	aken	[aken]

arc (m)	võlv	[vɜlʲʊ]
colonne (f)	sammas	[sammas]
coin (m)	nurk	[nurk]

vitrine (f)	vaateaken	[ʋɑ:teaken]
enseigne (f)	silt	[silʲt]
affiche (f)	kuulutus	[ku:lutus]
affiche (f) publicitaire	reklaamiplakat	[rekla:miplakat]
panneau-réclame (m)	reklaamikilp	[rekla:mikilʲp]

ordures (f pl)	prügi	[prʉgi]
poubelle (f)	prügiurn	[prʉgiurn]
jeter à terre	prahti maha viskama	[prahti maha ʋiskama]
décharge (f)	prügimägi	[prʉgimægi]

cabine (f) téléphonique	telefoniputka	[telefoniputka]
réverbère (m)	laternapost	[laternaposʲt]
banc (m)	pink	[pink]

policier (m)	politseinik	[politsejnik]
police (f)	politsei	[politsej]
clochard (m)	kerjus	[kerjus]
sans-abri (m)	pätt	[pætt]

29. Les institutions urbaines

magasin (m)	kauplus	[kauplus]
pharmacie (f)	apteek	[apte:k]
opticien (m)	optika	[optika]
centre (m) commercial	kaubanduskeskus	[kaubanduskeskus]
supermarché (m)	supermarket	[supermarket]

boulangerie (f)	leivapood	[lejʋapo:t]
boulanger (m)	pagar	[pagar]
pâtisserie (f)	kondiitripood	[kondi:tripo:t]
épicerie (f)	toidupood	[tojdupo:t]
boucherie (f)	lihakarn	[lihakarn]

| magasin (m) de légumes | juurviljapood | [ju:rʋiljapo:t] |
| marché (m) | turg | [turg] |

salon (m) de café	kohvik	[kohʋik]
restaurant (m)	restoran	[resʲtoran]
brasserie (f)	õllebaar	[ɜlʲeba:r]
pizzeria (f)	pitsabaar	[pitsaba:r]

salon (m) de coiffure	juuksurisalong	[ju:ksurisalong]
poste (f)	postkontor	[posʲtkontor]
pressing (m)	keemiline puhastus	[ke:miline puhasʲtus]
atelier (m) de photo	fotoateljee	[fotoatelje:]

magasin (m) de chaussures	**kingapood**	[kingapo:t]
librairie (f)	**raamatukauplus**	[ra:matukauplus]
magasin (m) d'articles de sport	**sporditarvete kauplus**	[sporditarʋete kauplus]

atelier (m) de retouche	**riieteparandus**	[ri:eteparandus]
location (f) de vêtements	**riietelaenutus**	[ri:etelaenutus]
location (f) de films	**filmilaenutus**	[filʲmilaenutus]

cirque (m)	**tsirkus**	[tsirkus]
zoo (m)	**loomaaed**	[lo:ma:et]
cinéma (m)	**kino**	[kino]
musée (m)	**muuseum**	[mu:seum]
bibliothèque (f)	**raamatukogu**	[ra:matukogu]

théâtre (m)	**teater**	[teater]
opéra (m)	**ooper**	[o:per]
boîte (f) de nuit	**ööklubi**	[ø:klubi]
casino (m)	**kasiino**	[kasi:no]

mosquée (f)	**mošee**	[moʃe:]
synagogue (f)	**sünagoog**	[sʉnago:g]
cathédrale (f)	**katedraal**	[katedra:lʲ]
temple (m)	**pühakoda**	[pʉhakoda]
église (f)	**kirik**	[kirik]

institut (m)	**instituut**	[insʲtitu:t]
université (f)	**ülikool**	[ʉliko:lʲ]
école (f)	**kool**	[ko:lʲ]

préfecture (f)	**linnaosa valitsus**	[linnaosa ʋalitsus]
mairie (f)	**linnavalitsus**	[linnaʋalitsus]
hôtel (m)	**hotell**	[hotelʲ]
banque (f)	**pank**	[pank]

ambassade (f)	**suursaatkond**	[su:rsa:tkont]
agence (f) de voyages	**reisibüroo**	[rejsibʉro:]
bureau (m) d'information	**teadete büroo**	[teadete bʉro:]
bureau (m) de change	**rahavahetus**	[rahaʋahetus]

métro (m)	**metroo**	[metro:]
hôpital (m)	**haigla**	[haigla]

station-service (f)	**tankla**	[tankla]
parking (m)	**parkla**	[parkla]

30. Les enseignes. Les panneaux

enseigne (f)	**silt**	[silʲt]
pancarte (f)	**pealkiri**	[pealʲkiri]

poster (m)	plakat	[plakat]
indicateur (m) de direction	teeviit	[te:ʋi:t]
flèche (f)	nool	[no:lʲ]

avertissement (m)	hoiatus	[hojatus]
panneau d'avertissement	hoiatus	[hojatus]
avertir (vt)	hoiatama	[hojatama]

jour (m) de repos	puhkepäev	[puhkepæəʋ]
horaire (m)	sõiduplaan	[sɜidupla:n]
heures (f pl) d'ouverture	töötunnid	[tø:tunnit]

BIENVENUE!	TERE TULEMAST!	[tere tulemasʲt!]
ENTRÉE	SISSEPÄÄS	[sissepæ:s]
SORTIE	VÄLJAPÄÄS	[ʋæljapæ:s]

POUSSER	LÜKKA	[lʉkka]
TIRER	TÕMBA	[tɜmba]
OUVERT	AVATUD	[aʋatut]
FERMÉ	SULETUD	[suletut]

| FEMMES | NAISTELE | [naisʲtele] |
| HOMMES | MEESTELE | [me:sʲtele] |

RABAIS	SOODUSTUSED	[so:dusʲtuset]
SOLDES	VÄLJAMÜÜK	[ʋæljamʉ:k]
NOUVEAU!	UUS KAUP!	[u:s kaup!]
GRATUIT	TASUTA	[tasuta]

ATTENTION!	ETTEVAATUST!	[etteʋa:tusʲt!]
COMPLET	TÄIELIKULT BRONEERITUD	[tæjelikulʲt brone:ritut]
RÉSERVÉ	RESERVEERITUD	[reserʋe:ritut]

| ADMINISTRATION | JUHTKOND | [juhtkont] |
| RÉSERVÉ AU PERSONNEL | AINULT PERSONALILE | [ainulʲt personalile] |

ATTENTION CHIEN MÉCHANT	KURI KOER	[kuri koer]
DÉFENSE DE FUMER	MITTE SUITSETADA!	[mitte suitsetada!]
PRIÈRE DE NE PAS TOUCHER	MITTE PUUTUDA!	[mitte pu:tuda!]

DANGEREUX	OHTLIK	[ohtlik]
DANGER	OHT	[oht]
HAUTE TENSION	KÕRGEPINGE	[kɜrgepinge]
BAIGNADE INTERDITE	UJUMINE KEELATUD!	[ujumine ke:latud!]
HORS SERVICE	EI TÖÖTA	[ej tø:ta]

| INFLAMMABLE | TULEOHTLIK | [tuleohtlik] |
| INTERDIT | KEELATUD | [ke:latut] |

PASSAGE INTERDIT	**LÄBIKÄIK KEELATUD**	[lʲæbikæjk keːlatut]
PEINTURE FRAÎCHE	**VÄRSKE VÄRV**	[ʋærske ʋærʋ]

31. Le shopping

acheter (vt)	**ostma**	[osʲtma]
achat (m)	**ost**	[osʲt]
faire des achats	**oste tegema**	[osʲte tegema]
shopping (m)	**šoppamine**	[ʃoppamine]
être ouvert	**lahti olema**	[lahti olema]
être fermé	**kinni olema**	[kinni olema]
chaussures (f pl)	**jalatsid**	[jalatsit]
vêtement (m)	**riided**	[riːdet]
produits (m pl) de beauté	**kosmeetika**	[kosmeːtika]
produits (m pl) alimentaires	**toiduained**	[tojduainet]
cadeau (m)	**kingitus**	[kingitus]
vendeur (m)	**müüja**	[mʉːja]
vendeuse (f)	**müüja**	[mʉːja]
caisse (f)	**kassa**	[kassa]
miroir (m)	**peegel**	[peːgelʲ]
comptoir (m)	**lett**	[lett]
cabine (f) d'essayage	**proovikabiin**	[proːʋikabiːn]
essayer (robe, etc.)	**selga proovima**	[selʲga proːʋima]
aller bien (robe, etc.)	**paras olema**	[paras olema]
plaire (être apprécié)	**meeldima**	[meːlʲdima]
prix (m)	**hind**	[hint]
étiquette (f) de prix	**hinnalipik**	[hinnalipik]
coûter (vt)	**maksma**	[maksma]
Combien?	**Kui palju?**	[kui palju?]
rabais (m)	**allahindlus**	[alʲæhintlus]
pas cher (adj)	**odav**	[odaʋ]
bon marché (adj)	**odav**	[odaʋ]
cher (adj)	**kallis**	[kalʲis]
C'est cher	**See on kallis.**	[seː on kalʲis]
location (f)	**laenutus**	[laenutus]
louer (une voiture, etc.)	**laenutama**	[laenutama]
crédit (m)	**pangalaen**	[pangalaen]
à crédit (adv)	**krediiti võtma**	[krediːti ʋɜtma]

LES VÊTEMENTS & LES ACCESSOIRES

T&P Books Publishing

32. Les vêtements d'extérieur

vêtement (m)	riided	[riːdet]
survêtement (m)	üleriided	[ʉleriːdet]
vêtement (m) d'hiver	talveriided	[talʲʋeriːdet]
manteau (m)	mantel	[mantelʲ]
manteau (m) de fourrure	kasukas	[kasukas]
veste (f) de fourrure	poolkasukas	[poːlʲkasukas]
manteau (m) de duvet	sulejope	[sulejope]
veste (f) (~ en cuir)	jope	[jope]
imperméable (m)	vihmamantel	[ʋihmamantelʲ]
imperméable (adj)	veekindel	[ʋeːkindelʲ]

33. Les vêtements

chemise (f)	särk	[særk]
pantalon (m)	püksid	[pʉksit]
jean (m)	teksapüksid	[teksapʉksit]
veston (m)	pintsak	[pintsak]
complet (m)	ülikond	[ʉlikont]
robe (f)	kleit	[klejt]
jupe (f)	seelik	[seːlik]
chemisette (f)	pluus	[pluːs]
veste (f) en laine	villane jakk	[ʋilʲæne jakk]
jaquette (f), blazer (m)	pluus	[pluːs]
tee-shirt (m)	T-särk	[t-særk]
short (m)	põlvpüksid	[pɜlʲʋpʉksit]
costume (m) de sport	dress	[dress]
peignoir (m) de bain	hommikumantel	[hommikumantelʲ]
pyjama (m)	pidžaama	[pidʒaːma]
chandail (m)	sviiter	[sʋiːter]
pull-over (m)	pullover	[pulʲoʋer]
gilet (m)	vest	[ʋesʲt]
queue-de-pie (f)	frakk	[frakk]
smoking (m)	smoking	[smoking]
uniforme (m)	vormiriietus	[ʋormiriːetus]
tenue (f) de travail	tööriietus	[tøːriːetus]

| salopette (f) | kombinesoon | [kombineso:n] |
| blouse (f) (d'un médecin) | kittel | [kittelʲ] |

34. Les sous-vêtements

sous-vêtements (m pl)	pesu	[pesu]
boxer (m)	trussikud	[trussikut]
slip (m) de femme	trussikud	[trussikut]
maillot (m) de corps	alussärk	[alussærk]
chaussettes (f pl)	sokid	[sokit]

chemise (f) de nuit	öösärk	[ø:særk]
soutien-gorge (m)	rinnahoidja	[rinnahojdja]
chaussettes (f pl) hautes	põlvikud	[pɜlʲuikut]
collants (m pl)	sukkpüksid	[sukkpʉksit]
bas (m pl)	sukad	[sukat]
maillot (m) de bain	trikoo	[triko:]

35. Les chapeaux

chapeau (m)	müts	[mʉts]
chapeau (m) feutre	kaabu	[ka:bu]
casquette (f) de base-ball	pesapallimüts	[pesapalʲimʉts]
casquette (f)	soni	[soni]

béret (m)	barett	[barett]
capuche (f)	kapuuts	[kapu:ts]
panama (m)	panama	[panama]
bonnet (m) de laine	kootud müts	[ko:tut mʉts]

| foulard (m) | rätik | [rætik] |
| chapeau (m) de femme | kübar | [kʉbar] |

casque (m) (d'ouvriers)	kiiver	[ki:ʋer]
calot (m)	pilotka	[pilotka]
casque (m) (~ de moto)	lendurimüts	[lendurimʉts]

| melon (m) | kübar | [kʉbar] |
| haut-de-forme (m) | silinder | [silinder] |

36. Les chaussures

chaussures (f pl)	jalatsid	[jalatsit]
bottines (f pl)	poolsaapad	[po:lʲsa:pat]
souliers (m pl) (~ plats)	kingad	[kingat]
bottes (f pl)	saapad	[sa:pat]

chaussons (m pl)	sussid	[sussit]
tennis (m pl)	tossud	[tossut]
baskets (f pl)	ketsid	[ketsit]
sandales (f pl)	sandaalid	[sanda:lit]

cordonnier (m)	kingsepp	[kingsepp]
talon (m)	konts	[konts]
paire (f)	paar	[pa:r]

lacet (m)	kingapael	[kingapaelʲ]
lacer (vt)	kingapaelu siduma	[kingapaelu siduma]
chausse-pied (m)	kingalusikas	[kingalusikas]
cirage (m)	kingakreem	[kingakre:m]

37. Les accessoires personnels

gants (m pl)	sõrmkindad	[sɜrmkindat]
moufles (f pl)	labakindad	[labakindat]
écharpe (f)	sall	[salʲ]

lunettes (f pl)	prillid	[prilʲit]
monture (f)	prilliraamid	[prilʲira:mit]
parapluie (m)	vihmavari	[ʋihmaʋari]
canne (f)	jalutuskepp	[jalutuskepp]
brosse (f) à cheveux	juuksehari	[ju:ksehari]
éventail (m)	lehvik	[lehʋik]

cravate (f)	lips	[lips]
nœud papillon (m)	kikilips	[kikilips]
bretelles (f pl)	traksid	[traksit]
mouchoir (m)	taskurätik	[taskurætik]

peigne (m)	kamm	[kamm]
barrette (f)	juukseklamber	[ju:kseklamber]
épingle (f) à cheveux	juuksenõel	[ju:ksenɜelʲ]
boucle (f)	pannal	[pannalʲ]

| ceinture (f) | vöö | [ʋø:] |
| bandoulière (f) | rihm | [rihm] |

sac (m)	kott	[kott]
sac (m) à main	käekott	[kæəkott]
sac (m) à dos	seljakott	[seljakott]

38. Les vêtements. Divers

| mode (f) | mood | [mo:t] |
| à la mode (adj) | moodne | [mo:dne] |

couturier, créateur de mode	moekunstnik	[moekunsʲtnik]
col (m)	krae	[krae]
poche (f)	tasku	[tasku]
de poche (adj)	tasku-	[tasku-]
manche (f)	varrukas	[ʋarrukas]
bride (f)	tripp	[tripp]
braguette (f)	püksiauk	[pʉksiauk]
fermeture (f) à glissière	tõmblukk	[tɜmblukk]
agrafe (f)	kinnis	[kinnis]
bouton (m)	nööp	[nøːp]
boutonnière (f)	nööpauk	[nøːpauk]
s'arracher (bouton)	eest ära tulema	[eːsʲt æra tulema]
coudre (vi, vt)	õmblema	[ɜmblema]
broder (vt)	tikkima	[tikkima]
broderie (f)	tikkimine	[tikkimine]
aiguille (f)	nõel	[nɜelʲ]
fil (m)	niit	[niːt]
couture (f)	õmblus	[ɜmblus]
se salir (vp)	ära määrima	[æra mæːrima]
tache (f)	plekk	[plekk]
se froisser (vp)	kortsu minema	[kortsu minema]
déchirer (vt)	katki minema	[katki minema]
mite (f)	koi	[koj]

39. L'hygiène corporelle. Les cosmétiques

dentifrice (m)	hambapasta	[hambapasʲta]
brosse (f) à dents	hambahari	[hambahari]
se brosser les dents	hambaid pesema	[hambait pesema]
rasoir (m)	pardel	[pardelʲ]
crème (f) à raser	habemeajamiskreem	[habemeajamiskreːm]
se raser (vp)	habet ajama	[habet ajama]
savon (m)	seep	[seːp]
shampooing (m)	šampoon	[ʃampoːn]
ciseaux (m pl)	käärid	[kæːrit]
lime (f) à ongles	küüneviil	[kʉːneʋiːlʲ]
pinces (f pl) à ongles	küünekäärid	[kʉːnekæːrit]
pince (f) à épiler	pintsett	[pintsett]
produits (m pl) de beauté	kosmeetika	[kosmeːtika]
masque (m) de beauté	mask	[mask]
manucure (f)	maniküür	[manikʉːr]
se faire les ongles	maniküüri tegema	[manikʉːri tegema]

pédicurie (f)	pediküür	[pediku:r]
trousse (f) de toilette	kosmeetikakott	[kosme:tikakott]
poudre (f)	puuder	[pu:der]
poudrier (m)	puudritoos	[pu:drito:s]
fard (m) à joues	põsepuna	[pɜsepuna]
parfum (m)	lõhnaõli	[lɜhnaɜli]
eau (f) de toilette	tualettvesi	[tualettʋesi]
lotion (f)	näovesi	[næoʋesi]
eau de Cologne (f)	odekolonn	[odekolonn]
fard (m) à paupières	lauvärv	[lauʋærʋ]
crayon (m) à paupières	silmapliiats	[silʲmapli:ats]
mascara (m)	ripsmetušš	[ripsmetuʃʃ]
rouge (m) à lèvres	huulepulk	[hu:lepulʲk]
vernis (m) à ongles	küünelakk	[ku:nelakk]
laque (f) pour les cheveux	juukselakk	[ju:kselakk]
déodorant (m)	desodorant	[desodorant]
crème (f)	kreem	[kre:m]
crème (f) pour le visage	näokreem	[næokre:m]
crème (f) pour les mains	kätekreem	[kætekre:m]
crème (f) anti-rides	kortsudevastane kreem	[kortsudeʋasʲtane kre:m]
crème (f) de jour	päevakreem	[pææʋakre:m]
crème (f) de nuit	öökreem	[ø:kre:m]
de jour (adj)	päeva-	[pææʋa-]
de nuit (adj)	öö-	[ø:-]
tampon (m)	tampoon	[tampo:n]
papier (m) de toilette	tualettpaber	[tualettpaber]
sèche-cheveux (m)	föön	[fø:n]

40. Les montres. Les horloges

montre (f)	käekell	[kææəkelʲ]
cadran (m)	sihverplaat	[sihʋerpla:t]
aiguille (f)	osuti	[osuti]
bracelet (m)	kellarihm	[kelʲærihm]
bracelet (m) (en cuir)	kellarihm	[kelʲærihm]
pile (f)	patarei	[patarej]
être déchargé	tühjaks saama	[tuhjaks sa:ma]
changer de pile	patareid vahetama	[patarejt ʋahetama]
avancer (vi)	ette käima	[ette kæjma]
retarder (vi)	taha jääma	[taha jæ:ma]
pendule (f)	seinakell	[sejnakelʲ]
sablier (m)	liivakell	[li:ʋakelʲ]
cadran (m) solaire	päiksekell	[pæjksekelʲ]

réveil (m)	**äratuskell**	[æratuskelʲ]
horloger (m)	**kellassepp**	[kelʲæssepp]
réparer (vt)	**parandama**	[parandama]

L'EXPÉRIENCE QUOTIDIENNE

T&P Books Publishing

argent (m)	**raha**	[raha]
échange (m)	**vahetus**	[ʋahetus]
cours (m) de change	**kurss**	[kurss]
distributeur (m)	**pangaautomaat**	[panga:utoma:t]
monnaie (f)	**münt**	[mʉnt]
dollar (m)	**dollar**	[dolʲær]
euro (m)	**euro**	[euro]
lire (f)	**liir**	[li:r]
mark (m) allemand	**mark**	[mark]
franc (m)	**frank**	[frank]
livre sterling (f)	**naelsterling**	[naelʲsʲterling]
yen (m)	**jeen**	[je:n]
dette (f)	**võlg**	[ʋɜlʲg]
débiteur (m)	**võlgnik**	[ʋɜlʲgnik]
prêter (vt)	**võlgu andma**	[ʋɜlʲgu andma]
emprunter (vt)	**võlgu võtma**	[ʋɜlʲgu ʋɜtma]
banque (f)	**pank**	[pank]
compte (m)	**pangakonto**	[pangakonto]
verser (dans le compte)	**panema**	[panema]
verser dans le compte	**arvele panema**	[arʋele panema]
retirer du compte	**arvelt võtma**	[arʋelʲt ʋɜtma]
carte (f) de crédit	**krediidikaart**	[kredi:dika:rt]
espèces (f pl)	**sularaha**	[sularaha]
chèque (m)	**tšekk**	[tʃekk]
faire un chèque	**tšekki välja kirjutama**	[tʃekki ʋælja kirjutama]
chéquier (m)	**tšekiraamat**	[tʃekira:mat]
portefeuille (m)	**rahatasku**	[rahatasku]
bourse (f)	**rahakott**	[rahakott]
coffre fort (m)	**seif**	[sejf]
héritier (m)	**pärija**	[pærija]
héritage (m)	**pärandus**	[pærandus]
fortune (f)	**varandus**	[ʋarandus]
location (f)	**rent**	[rent]
loyer (m) (argent)	**korteriüür**	[korteriʉ:r]
louer (prendre en location)	**üürima**	[ʉ:rima]
prix (m)	**hind**	[hint]

| coût (m) | **maksumus** | [maksumus] |
| somme (f) | **summa** | [summa] |

dépenser (vt)	**raiskama**	[raiskama]
dépenses (f pl)	**kulutused**	[kulutuset]
économiser (vt)	**kokku hoidma**	[kokku hojdma]
économe (adj)	**kokkuhoidlik**	[kokkuhojtlik]

payer (régler)	**tasuma**	[tasuma]
paiement (m)	**maksmine**	[maksmine]
monnaie (f) (rendre la ~)	**tagasiantav raha**	[tagasiantaʋ raha]

impôt (m)	**maks**	[maks]
amende (f)	**trahv**	[trahʋ]
mettre une amende	**trahvima**	[trahʋima]

42. La poste. Les services postaux

poste (f)	**postkontor**	[posʲtkontor]
courrier (m) (lettres, etc.)	**post**	[posʲt]
facteur (m)	**postiljon**	[posʲtiljon]
heures (f pl) d'ouverture	**töötunnid**	[tø:tunnit]

lettre (f)	**kiri**	[kiri]
recommandé (m)	**tähitud kiri**	[tæhitut kiri]
carte (f) postale	**postkaart**	[posʲtka:rt]
télégramme (m)	**telegramm**	[telegramm]
colis (m)	**pakk**	[pakk]
mandat (m) postal	**rahaülekanne**	[rahaᵾlekanne]

recevoir (vt)	**kätte saama**	[kætte sa:ma]
envoyer (vt)	**saatma**	[sa:tma]
envoi (m)	**saatmine**	[sa:tmine]
adresse (f)	**aadress**	[a:dress]
code (m) postal	**indeks**	[indeks]
expéditeur (m)	**saatja**	[sa:tja]
destinataire (m)	**saaja**	[sa:ja]

| prénom (m) | **eesnimi** | [e:snimi] |
| nom (m) de famille | **perekonnanimi** | [perekonnanimi] |

tarif (m)	**tariif**	[tari:f]
normal (adj)	**harilik**	[harilik]
économique (adj)	**soodustariif**	[so:dusʲtari:f]

poids (m)	**kaal**	[ka:lʲ]
peser (~ les lettres)	**kaaluma**	[ka:luma]
enveloppe (f)	**ümbrik**	[ᵾmbrik]
timbre (m)	**mark**	[mark]
timbrer (vt)	**marki peale kleepima**	[marki peale kle:pima]

43. Les opérations bancaires

banque (f)	pank	[pank]
agence (f) bancaire	osakond	[osakont]
conseiller (m)	konsultant	[konsulʲtant]
gérant (m)	juhataja	[juhataja]
compte (m)	pangakonto	[pangakonto]
numéro (m) du compte	arve number	[arʋe number]
compte (m) courant	jooksev arve	[jo:kseʋ arʋe]
compte (m) sur livret	kogumisarve	[kogumisarʋe]
ouvrir un compte	arvet avama	[arʋet aʋama]
clôturer le compte	arvet lõpetama	[arʋet lɜpetama]
verser dans le compte	arvele panema	[arʋele panema]
retirer du compte	arvelt võtma	[arʋelʲt ʋɜtma]
dépôt (m)	hoius	[hojus]
faire un dépôt	hoiust tegema	[hojusʲt tegema]
virement (m) bancaire	ülekanne	[ʉlekanne]
faire un transfert	üle kandma	[ʉle kandma]
somme (f)	summa	[summa]
Combien?	Kui palju?	[kui palju?]
signature (f)	allkiri	[alʲkiri]
signer (vt)	allkirjastama	[alʲkirjasʲtama]
carte (f) de crédit	krediidikaart	[kredi:dika:rt]
code (m)	kood	[ko:t]
numéro (m) de carte de crédit	krediidikaardi number	[kredi:dika:rdi number]
distributeur (m)	pangaautomaat	[panga:utoma:t]
chèque (m)	tšekk	[tʃekk]
faire un chèque	tšekki välja kirjutama	[tʃekki ʋælja kirjutama]
chéquier (m)	tšekiraamat	[tʃekira:mat]
crédit (m)	pangalaen	[pangalaen]
demander un crédit	laenu taotlema	[laenu taotlema]
prendre un crédit	laenu võtma	[laenu ʋɜtma]
accorder un crédit	laenu andma	[laenu andma]
gage (m)	tagatis	[tagatis]

44. Le téléphone. La conversation téléphonique

téléphone (m)	telefon	[telefon]
portable (m)	mobiiltelefon	[mobi:lʲtelefon]

répondeur (m)	automaatvastaja	[automa:tʋasˈtaja]
téléphoner, appeler	helistama	[helisˈtama]
appel (m)	telefonihelin	[telefonihelin]

composer le numéro	numbrit valima	[numbrit ʋalima]
Allô!	hallo!	[halʲo!]
demander (~ l'heure)	küsima	[kʉsima]
répondre (vi, vt)	vastama	[ʋasˈtama]

entendre (bruit, etc.)	kuulma	[ku:lʲma]
bien (adv)	hästi	[hæsˈti]
mal (adv)	halvasti	[halʲʋasˈti]
bruits (m pl)	häired	[hæjret]

récepteur (m)	telefonitoru	[telefonitoru]
décrocher (vt)	toru hargilt võtma	[toru hargilʲt ʋɜtma]
raccrocher (vi)	toru hargile panema	[toru hargile panema]

occupé (adj)	liin on kinni	[li:n on kinni]
sonner (vi)	telefon heliseb	[telefon heliseb]
carnet (m) de téléphone	telefoniraamat	[telefonira:mat]

local (adj)	kohalik	[kohalik]
appel (m) local	kohalik kõne	[kohalik kɜne]
interurbain (adj)	kauge-	[kauge-]
appel (m) interurbain	kaugekõne	[kaugekɜne]
international (adj)	rahvusvaheline	[rahʋusʋaheline]
appel (m) international	rahvusvaheline kõne	[rahʋusʋaheline kɜne]

45. Le téléphone portable

portable (m)	mobiiltelefon	[mobi:lʲtelefon]
écran (m)	kuvar	[kuʋar]
bouton (m)	nupp	[nupp]
carte SIM (f)	SIM-kaart	[sim-ka:rt]

pile (f)	patarei	[patarej]
être déchargé	tühjaks minema	[tʉhjaks minema]
chargeur (m)	laadimisseade	[la:dimisseade]
menu (m)	menüü	[menʉ:]
réglages (m pl)	häälestused	[hæ:lesˈtuset]
mélodie (f)	viis	[ʋi:s]
sélectionner (vt)	valima	[ʋalima]

calculatrice (f)	kalkulaator	[kalʲkula:tor]
répondeur (m)	automaatvastaja	[automa:tʋasˈtaja]
réveil (m)	äratuskell	[æratuskelʲ]
contacts (m pl)	telefoniraamat	[telefonira:mat]
SMS (m)	SMS-sõnum	[sms-sɜnum]
abonné (m)	abonent	[abonent]

46. La papeterie

stylo (m) à bille	**pastakas**	[pasʲtakas]
stylo (m) à plume	**sulepea**	[sulepea]
crayon (m)	**pliiats**	[pli:ats]
marqueur (m)	**marker**	[marker]
feutre (m)	**viltpliiats**	[uilʲtpli:ats]
bloc-notes (m)	**klade**	[klade]
agenda (m)	**päevik**	[pæəʋik]
règle (f)	**joonlaud**	[jo:nlaut]
calculatrice (f)	**kalkulaator**	[kalʲkula:tor]
gomme (f)	**kustutuskumm**	[kusʲtutuskumm]
punaise (f)	**rõhknael**	[rɜhknaelʲ]
trombone (m)	**kirjaklamber**	[kirjaklamber]
colle (f)	**liim**	[li:m]
agrafeuse (f)	**stepler**	[sʲtepler]
perforateur (m)	**auguraud**	[auguraut]
taille-crayon (m)	**pliiatsiteritaja**	[pli:atsiteritaja]

47. Les langues étrangères

langue (f)	**keel**	[ke:lʲ]
étranger (adj)	**võõr-**	[ʋɜ:r-]
langue (f) étrangère	**võõrkeel**	[ʋɜ:rke:lʲ]
étudier (vt)	**uurima**	[u:rima]
apprendre (~ l'arabe)	**õppima**	[ɜppima]
lire (vi, vt)	**lugema**	[lugema]
parler (vi, vt)	**rääkima**	[ræ:kima]
comprendre (vt)	**aru saama**	[aru sa:ma]
écrire (vt)	**kirjutama**	[kirjutama]
vite (adv)	**kiiresti**	[ki:resʲti]
lentement (adv)	**aeglaselt**	[aeglaselʲt]
couramment (adv)	**vabalt**	[ʋabalʲt]
règles (f pl)	**reeglid**	[re:glit]
grammaire (f)	**grammatika**	[grammatika]
vocabulaire (m)	**sõnavara**	[sɜnaʋara]
phonétique (f)	**foneetika**	[fone:tika]
manuel (m)	**õpik**	[ɜpik]
dictionnaire (m)	**sõnaraamat**	[sɜnara:mat]
manuel (m) autodidacte	**õpik iseõppijaile**	[ɜpik iseɜppijaile]
guide (m) de conversation	**vestmik**	[ʋesʲtmik]

cassette (f)	kassett	[kassett]
cassette (f) vidéo	videokassett	[ʋideokassett]
CD (m)	CD-plaat	[tsede plaːt]
DVD (m)	DVD	[dʊt]

alphabet (m)	tähestik	[tæhesʲtik]
épeler (vt)	veerima	[ʋeːrima]
prononciation (f)	hääldamine	[hæːlʲdamine]

accent (m)	aktsent	[aktsent]
avec un accent	aktsendiga	[aktsendiga]
sans accent	ilma aktsendita	[ilʲma aktsendita]

| mot (m) | sõna | [sɜna] |
| sens (m) | mõiste | [mɜisʲte] |

cours (m pl)	kursused	[kursuset]
s'inscrire (vp)	kirja panema	[kirja panema]
professeur (m) (~ d'anglais)	õppejõud	[ɜppejɜut]

traduction (f) (action)	tõlkimine	[tɜlʲkimine]
traduction (f) (texte)	tõlge	[tɜlʲge]
traducteur (m)	tõlk	[tɜlʲk]
interprète (m)	tõlk	[tɜlʲk]

| polyglotte (m) | polüglott | [polʉglott] |
| mémoire (f) | mälu | [mælu] |

LES REPAS.
LE RESTAURANT

T&P Books Publishing

48. Le dressage de la table

cuillère (f)	**lusikas**	[lusikas]
couteau (m)	**nuga**	[nuga]
fourchette (f)	**kahvel**	[kahʋelʲ]
tasse (f)	**tass**	[tass]
assiette (f)	**taldrik**	[talʲdrik]
soucoupe (f)	**alustass**	[alusʲtass]
serviette (f)	**salvrätik**	[salʲʋrætik]
cure-dent (m)	**hambaork**	[hambaork]

49. Le restaurant

restaurant (m)	**restoran**	[resʲtoran]
salon (m) de café	**kohvituba**	[kohʋituba]
bar (m)	**baar**	[ba:r]
salon (m) de thé	**teesalong**	[te:salong]
serveur (m)	**kelner**	[kelʲner]
serveuse (f)	**ettekandja**	[ettekandja]
barman (m)	**baarimees**	[ba:rime:s]
carte (f)	**menüü**	[menʉ:]
carte (f) des vins	**veinikaart**	[ʋejnika:rt]
réserver une table	**lauda kinni panema**	[lauda kinni panema]
plat (m)	**roog**	[ro:g]
commander (vt)	**tellima**	[telʲima]
faire la commande	**tellimust andma**	[telʲimusʲt andma]
apéritif (m)	**aperitiiv**	[aperiti:ʋ]
hors-d'œuvre (m)	**suupiste**	[su:pisʲte]
dessert (m)	**magustoit**	[magusʲtojt]
addition (f)	**arve**	[arʋe]
régler l'addition	**arvet maksma**	[arʋet maksma]
rendre la monnaie	**raha tagasi andma**	[raha tagasi andma]
pourboire (m)	**jootraha**	[jo:traha]

50. Les repas

nourriture (f)	**söök**	[sø:k]
manger (vi, vt)	**sööma**	[sø:ma]

petit déjeuner (m)	hommikusöök	[hommikusø:k]
prendre le petit déjeuner	hommikust sööma	[hommikusʲt sø:ma]
déjeuner (m)	lõuna	[lɜuna]
déjeuner (vi)	lõunat sööma	[lɜunat sø:ma]
dîner (m)	õhtusöök	[ɜhtusø:k]
dîner (vi)	õhtust sööma	[ɜhtusʲt sø:ma]

appétit (m)	söögiisu	[sø:gi:su]
Bon appétit!	Head isu!	[heat isu!]

ouvrir (vt)	avama	[auama]
renverser (liquide)	maha valama	[maha ʋalama]
se renverser (liquide)	maha voolama	[maha ʋo:lama]

bouillir (vi)	keema	[ke:ma]
faire bouillir	keetma	[ke:tma]
bouilli (l'eau ~e)	keedetud	[ke:detut]
refroidir (vt)	jahutama	[jahutama]
se refroidir (vp)	jahtuma	[jahtuma]

goût (m)	maitse	[maitse]
arrière-goût (m)	kõrvalmaitse	[kɜrʋalʲmaitse]

suivre un régime	kaalus alla võtma	[ka:lus alʲæ ʋɜtma]
régime (m)	dieet	[die:t]
vitamine (f)	vitamiin	[ʋitami:n]
calorie (f)	kalor	[kalor]
végétarien (m)	taimetoitlane	[taimetojtlane]
végétarien (adj)	taimetoitluslik	[taimetojtluslik]

lipides (m pl)	rasvad	[rasʋat]
protéines (f pl)	valgud	[ʋalʲgut]
glucides (m pl)	süsivesikud	[susiʋesikut]
tranche (f)	viil	[ʋi:lʲ]
morceau (m)	tükk	[tʉkk]
miette (f)	puru	[puru]

51. Les plats cuisinés

plat (m)	roog	[ro:g]
cuisine (f)	köök	[kø:k]
recette (f)	retsept	[retsept]
portion (f)	portsjon	[portsjon]

salade (f)	salat	[salat]
soupe (f)	supp	[supp]

bouillon (m)	puljong	[puljong]
sandwich (m)	võileib	[ʋɜjlejb]
les œufs brouillés	munaroog	[munaro:g]

| hamburger (m) | hamburger | [hamburger] |
| steak (m) | biifsteek | [biːfsʲteːk] |

garniture (f)	lisand	[lisant]
spaghettis (m pl)	spagetid	[spagetit]
purée (f)	kartulipüree	[kartulipʉreː]
pizza (f)	pitsa	[pitsa]
bouillie (f)	puder	[puder]
omelette (f)	omlett	[omlett]

cuit à l'eau (adj)	keedetud	[keːdetut]
fumé (adj)	suitsutatud	[suitsutatut]
frit (adj)	praetud	[praetut]
sec (adj)	kuivatatud	[kuiʋatatut]
congelé (adj)	külmutatud	[kʉlʲmutatut]
mariné (adj)	marineeritud	[marineːritut]

sucré (adj)	magus	[magus]
salé (adj)	soolane	[soːlane]
froid (adj)	külm	[kʉlʲm]
chaud (adj)	kuum	[kuːm]
amer (adj)	mõru	[mɜru]
bon (savoureux)	maitsev	[maitseʋ]

cuire à l'eau	keetma	[keːtma]
préparer (le dîner)	süüa tegema	[sʉːa tegema]
faire frire	praadima	[praːdima]
réchauffer (vt)	soojendama	[soːjendama]

saler (vt)	soolama	[soːlama]
poivrer (vt)	pipardama	[pipardama]
râper (vt)	riivima	[riːʋima]
peau (f)	koor	[koːr]
éplucher (vt)	koorima	[koːrima]

52. Les aliments

viande (f)	liha	[liha]
poulet (m)	kana	[kana]
poulet (m) (poussin)	kanapoeg	[kanapoeg]
canard (m)	part	[part]
oie (f)	hani	[hani]
gibier (m)	metslinnud	[metslinnut]
dinde (f)	kalkun	[kalʲkun]

du porc	sealiha	[sealiha]
du veau	vasikaliha	[ʋasikaliha]
du mouton	lambaliha	[lambaliha]
du bœuf	loomaliha	[loːmaliha]
lapin (m)	küülik	[kʉːlik]

saucisson (m)	**vorst**	[ʋorsʲt]
saucisse (f)	**viiner**	[ʋiːner]
bacon (m)	**peekon**	[peːkon]
jambon (m)	**sink**	[sink]
cuisse (f)	**sink**	[sink]
pâté (m)	**pasteet**	[pasʲteːt]
foie (m)	**maks**	[maks]
farce (f)	**hakkliha**	[hakkliha]
langue (f)	**keel**	[keːlʲ]
œuf (m)	**muna**	[muna]
les œufs	**munad**	[munat]
blanc (m) d'œuf	**munavalge**	[munaʋalʲge]
jaune (m) d'œuf	**munakollane**	[munakolʲæne]
poisson (m)	**kala**	[kala]
fruits (m pl) de mer	**mereannid**	[mereannit]
crustacés (m pl)	**koorikloomad**	[koːrikloːmat]
caviar (m)	**kalamari**	[kalamari]
crabe (m)	**krabi**	[krabi]
crevette (f)	**krevett**	[kreʋett]
huître (f)	**auster**	[ausʲter]
langoustine (f)	**langust**	[langusʲt]
poulpe (m)	**kaheksajalg**	[kaheksajalʲg]
calamar (m)	**kalmaar**	[kalʲmaːr]
esturgeon (m)	**tuurakala**	[tuːrakala]
saumon (m)	**lõhe**	[lɜhe]
flétan (m)	**paltus**	[palʲtus]
morue (f)	**tursk**	[tursk]
maquereau (m)	**skumbria**	[skumbria]
thon (m)	**tuunikala**	[tuːnikala]
anguille (f)	**angerjas**	[angerjas]
truite (f)	**forell**	[forelʲ]
sardine (f)	**sardiin**	[sardiːn]
brochet (m)	**haug**	[haug]
hareng (m)	**heeringas**	[heːringas]
pain (m)	**leib**	[lejb]
fromage (m)	**juust**	[juːsʲt]
sucre (m)	**suhkur**	[suhkur]
sel (m)	**sool**	[soːlʲ]
riz (m)	**riis**	[riːs]
pâtes (m pl)	**makaronid**	[makaronit]
nouilles (f pl)	**lintnuudlid**	[lintnuːtlit]
beurre (m)	**või**	[ʋɜi]
huile (f) végétale	**taimeõli**	[taimeɜli]

huile (f) de tournesol	päevalilleõli	[pæəʋalilʲeɜli]
margarine (f)	margariin	[margari:n]
olives (f pl)	oliivid	[oli:ʋit]
huile (f) d'olive	oliivõli	[oli:ʋɜli]
lait (m)	piim	[pi:m]
lait (m) condensé	kondenspiim	[kondenspi:m]
yogourt (m)	jogurt	[jogurt]
crème (f) aigre	hapukoor	[hapuko:r]
crème (f) (de lait)	koor	[ko:r]
sauce (f) mayonnaise	majonees	[majone:s]
crème (f) au beurre	kreem	[kre:m]
gruau (m)	tangud	[tangut]
farine (f)	jahu	[jahu]
conserves (f pl)	konservid	[konserʋit]
pétales (m pl) de maïs	maisihelbed	[maisihelʲbet]
miel (m)	mesi	[mesi]
confiture (f)	džemm	[dʒemm]
gomme (f) à mâcher	närimiskumm	[nærimiskumm]

53. Les boissons

eau (f)	vesi	[ʋesi]
eau (f) potable	joogivesi	[jo:giʋesi]
eau (f) minérale	mineraalvesi	[minera:lʲʋesi]
plate (adj)	gaasita	[ga:sita]
gazeuse (l'eau ~)	gaseeritud	[gase:ritut]
pétillante (adj)	gaasiga	[ga:siga]
glace (f)	jää	[jæ:]
avec de la glace	jääga	[jæ:ga]
sans alcool	alkoholivaba	[alʲkoholiʋaba]
boisson (f) non alcoolisée	alkoholivaba jook	[alʲkoholiʋaba jo:k]
rafraîchissement (m)	karastusjook	[karasʲtusjo:k]
limonade (f)	limonaad	[limona:t]
boissons (f pl) alcoolisées	alkohoolsed joogid	[alʲkoho:lʲset jo:git]
vin (m)	vein	[ʋejn]
vin (m) blanc	valge vein	[ʋalʲge ʋejn]
vin (m) rouge	punane vein	[punane ʋejn]
liqueur (f)	liköör	[likø:r]
champagne (m)	šampus	[ʃampus]
vermouth (m)	vermut	[ʋermut]
whisky (m)	viski	[ʋiski]

vodka (f)	viin	[ʋi:n]
gin (m)	džinn	[dʒinn]
cognac (m)	konjak	[konjak]
rhum (m)	rumm	[rumm]

café (m)	kohv	[kohʋ]
café (m) noir	must kohv	[musʲt kohʋ]
café (m) au lait	piimaga kohv	[pi:maga kohʋ]
cappuccino (m)	koorega kohv	[ko:rega kohʋ]
café (m) soluble	lahustuv kohv	[lahusʲtuʋ kohʋ]

lait (m)	piim	[pi:m]
cocktail (m)	kokteil	[koktejlʲ]
cocktail (m) au lait	piimakokteil	[pi:makoktejlʲ]

jus (m)	mahl	[mahlʲ]
jus (m) de tomate	tomatimahl	[tomatimahlʲ]
jus (m) d'orange	apelsinimahl	[apelʲsinimahlʲ]
jus (m) pressé	värskelt pressitud mahl	[ʋærskelʲt pressitut mahlʲ]

bière (f)	õlu	[ɜlu]
bière (f) blonde	hele õlu	[hele ɜlu]
bière (f) brune	tume õlu	[tume ɜlu]

thé (m)	tee	[te:]
thé (m) noir	must tee	[musʲt te:]
thé (m) vert	roheline tee	[roheline te:]

54. Les légumes

| légumes (m pl) | juurviljad | [ju:rʋiljat] |
| verdure (f) | maitseroheline | [maitseroheline] |

tomate (f)	tomat	[tomat]
concombre (m)	kurk	[kurk]
carotte (f)	porgand	[porgant]
pomme (f) de terre	kartul	[kartulʲ]
oignon (m)	sibul	[sibulʲ]
ail (m)	küüslauk	[kʉ:slauk]

chou (m)	kapsas	[kapsas]
chou-fleur (m)	lillkapsas	[lilʲkapsas]
chou (m) de Bruxelles	brüsseli kapsas	[brʉsseli kapsas]
brocoli (m)	brokkoli	[brokkoli]

betterave (f)	peet	[pe:t]
aubergine (f)	baklažaan	[baklaʒa:n]
courgette (f)	suvikõrvits	[suʋikɜrʋits]
potiron (m)	kõrvits	[kɜrʋits]
navet (m)	naeris	[naeris]

persil (m)	petersell	[peterselʲ]
fenouil (m)	till	[tilʲ]
laitue (f) (salade)	salat	[salat]
céleri (m)	seller	[selʲer]
asperge (f)	aspar	[aspar]
épinard (m)	spinat	[spinat]

pois (m)	hernes	[hernes]
fèves (f pl)	oad	[oat]
maïs (m)	mais	[mais]
haricot (m)	aedoad	[aedoat]

poivron (m)	pipar	[pipar]
radis (m)	redis	[redis]
artichaut (m)	artišokk	[artiʃokk]

55. Les fruits. Les noix

fruit (m)	puuvili	[puːʋili]
pomme (f)	õun	[ɜun]
poire (f)	pirn	[pirn]
citron (m)	sidrun	[sidrun]
orange (f)	apelsin	[apelʲsin]
fraise (f)	aedmaasikas	[aedmaːsikas]

mandarine (f)	mandariin	[mandariːn]
prune (f)	ploom	[ploːm]
pêche (f)	virsik	[ʋirsik]
abricot (m)	aprikoos	[aprikoːs]
framboise (f)	vaarikas	[ʋaːrikas]
ananas (m)	ananass	[ananass]

banane (f)	banaan	[banaːn]
pastèque (f)	arbuus	[arbuːs]
raisin (m)	viinamarjad	[ʋiːnamarjat]
cerise (f)	kirss	[kirss]
merise (f)	murel	[murelʲ]
melon (m)	melon	[melon]

pamplemousse (m)	greip	[grejp]
avocat (m)	avokaado	[aʋokaːdo]
papaye (f)	papaia	[papaia]
mangue (f)	mango	[mango]
grenade (f)	granaatõun	[granaːtɜun]

groseille (f) rouge	punane sõstar	[punane sɜsʲtar]
cassis (m)	must sõstar	[musʲt sɜsʲtar]
groseille (f) verte	karusmari	[karusmari]
myrtille (f)	mustikas	[musʲtikas]
mûre (f)	põldmari	[pɜlʲdmari]

raisin (m) sec	rosinad	[rosinat]
figue (f)	ingver	[inguer]
datte (f)	dattel	[dattelʲ]

cacahuète (f)	maapähkel	[ma:pæhkelʲ]
amande (f)	mandlipähkel	[mantlipæhkelʲ]
noix (f)	kreeka pähkel	[kre:ka pæhkelʲ]
noisette (f)	sarapuupähkel	[sarapu:pæhkelʲ]
noix (f) de coco	kookospähkel	[ko:kospæhkelʲ]
pistaches (f pl)	pistaatsiapähkel	[pisʲta:tsiapæhkelʲ]

56. Le pain. Les confiseries

confiserie (f)	kondiitritooted	[kondi:trito:tet]
pain (m)	leib	[lejb]
biscuit (m)	küpsis	[kupsis]

chocolat (m)	šokolaad	[ʃokola:t]
en chocolat (adj)	šokolaadi-	[ʃokola:di-]
bonbon (m)	komm	[komm]
gâteau (m), pâtisserie (f)	kook	[ko:k]
tarte (f)	tort	[tort]

gâteau (m)	pirukas	[pirukas]
garniture (f)	täidis	[tæjdis]

confiture (f)	moos	[mo:s]
marmelade (f)	marmelaad	[marmela:t]
gaufre (f)	vahvlid	[uahulit]
glace (f)	jäätis	[jæ:tis]

57. Les épices

sel (m)	sool	[so:lʲ]
salé (adj)	soolane	[so:lane]
saler (vt)	soolama	[so:lama]

poivre (m) noir	must pipar	[musʲt pipar]
poivre (m) rouge	punane pipar	[punane pipar]
moutarde (f)	sinep	[sinep]
raifort (m)	mädarõigas	[mædarɜigas]

condiment (m)	maitseaine	[maitseaine]
épice (f)	vürts	[uurts]
sauce (f)	kaste	[kasʲte]
vinaigre (m)	äädikas	[æ:dikas]
anis (m)	aniis	[ani:s]
basilic (m)	basiilik	[basi:lik]

clou (m) de girofle	**nelk**	[nelʲk]
gingembre (m)	**ingver**	[inguer]
coriandre (m)	**koriander**	[koriander]
cannelle (f)	**kaneel**	[kane:lʲ]

sésame (m)	**seesamiseemned**	[se:samise:mnet]
feuille (f) de laurier	**loorber**	[lo:rber]
paprika (m)	**paprika**	[paprika]
cumin (m)	**köömned**	[kø:mnet]
safran (m)	**safran**	[safran]

LES DONNÉES PERSONNELLES. LA FAMILLE

T&P Books Publishing

58. Les données personnelles. Les formulaires

prénom (m)	**eesnimi**	[e:snimi]
nom (m) de famille	**perekonnnimi**	[perekonnnimi]
date (f) de naissance	**sünniaeg**	[sʉnniaeg]
lieu (m) de naissance	**sünnikoht**	[sʉnnikoht]
nationalité (f)	**rahvus**	[rahʊus]
domicile (m)	**elukoht**	[elukoht]
pays (m)	**riik**	[ri:k]
profession (f)	**elukutse**	[elukutse]
sexe (m)	**sugu**	[sugʉ]
taille (f)	**kasv**	[kasʊ]
poids (m)	**kaal**	[ka:lʲ]

59. La famille. Les liens de parenté

mère (f)	**ema**	[ema]
père (m)	**isa**	[isa]
fils (m)	**poeg**	[poeg]
fille (f)	**tütar**	[tʉtar]
fille (f) cadette	**noorem tütar**	[no:rem tʉtar]
fils (m) cadet	**noorem poeg**	[no:rem poeg]
fille (f) aînée	**vanem tütar**	[ʊanem tʉtar]
fils (m) aîné	**vanem poeg**	[ʊanem poeg]
frère (m)	**vend**	[ʊent]
frère (m) aîné	**vanem vend**	[ʊanem ʊent]
frère (m) cadet	**noorem vend**	[no:rem ʊent]
sœur (f)	**õde**	[ɜde]
sœur (f) aînée	**vanem õde**	[ʊanem ɜde]
sœur (f) cadette	**noorem õde**	[no:rem ɜde]
cousin (m)	**onupoeg**	[onupoeg]
cousine (f)	**onutütar**	[onutʉtar]
maman (f)	**mamma**	[mamma]
papa (m)	**papa**	[papa]
parents (m pl)	**vanemad**	[ʊanemat]
enfant (m, f)	**laps**	[laps]
enfants (pl)	**lapsed**	[lapset]
grand-mère (f)	**vanaema**	[ʊanaema]
grand-père (m)	**vanaisa**	[ʊanaisa]

petit-fils (m)	lapselaps	[lapselaps]
petite-fille (f)	lapselaps	[lapselaps]
petits-enfants (pl)	lapselapsed	[lapselapset]

oncle (m)	onu	[onu]
tante (f)	tädi	[tædi]
neveu (m)	vennapoeg	[ʋennapoeg]
nièce (f)	vennatütar	[ʋennatʉtar]

belle-mère (f)	ämm	[æmm]
beau-père (m)	äi	[æj]
gendre (m)	väimees	[ʋæjme:s]
belle-mère (f)	võõrasema	[ʋɜ:rasema]
beau-père (m)	võõrasisa	[ʋɜ:rasisa]

nourrisson (m)	rinnalaps	[rinnalaps]
bébé (m)	imik	[imik]
petit (m)	väikelaps	[ʋæjkelaps]

femme (f)	naine	[naine]
mari (m)	mees	[me:s]
époux (m)	abikaasa	[abika:sa]
épouse (f)	abikaasa	[abika:sa]

marié (adj)	abielus	[abielus]
mariée (adj)	abielus	[abielus]
célibataire (adj)	vallaline	[ʋalʲæline]
célibataire (m)	vanapoiss	[ʋanapojss]
divorcé (adj)	lahutatud	[lahutatut]
veuve (f)	lesk	[lesk]
veuf (m)	lesk	[lesk]

parent (m)	sugulane	[sugulane]
parent (m) proche	lähedane sugulane	[lʲæhedane sugulane]
parent (m) éloigné	kaugelt sugulane	[kaugelʲt sugulane]
parents (m pl)	sugulased	[sugulaset]

orphelin (m), orpheline (f)	orb	[orb]
tuteur (m)	eestkostja	[e:sʲtkosʲtja]
adopter (un garçon)	lapsendama	[lapsendama]
adopter (une fille)	lapsendama	[lapsendama]

60. Les amis. Les collègues

ami (m)	sõber	[sɔber]
amie (f)	sõbranna	[sɔbranna]
amitié (f)	sõprus	[sɔprus]
être ami	sõber olla	[sɔber olʲæ]
copain (m)	sõber	[sɔber]
copine (f)	sõbranna	[sɔbranna]

partenaire (m)	**partner**	[partner]
chef (m)	**šeff**	[ʃeff]
supérieur (m)	**ülemus**	[ʉlemus]
propriétaire (m)	**omanik**	[omanik]
subordonné (m)	**alluv**	[alʲuʊ]
collègue (m, f)	**kolleeg**	[kolʲeːg]
connaissance (f)	**tuttav**	[tuttaʊ]
compagnon (m) de route	**teekaaslane**	[teːkaːslane]
copain (m) de classe	**klassikaaslane**	[klassikaːslane]
voisin (m)	**naaber**	[naːber]
voisine (f)	**naabrinaine**	[naːbrinaine]
voisins (m pl)	**naabrid**	[naːbrit]

.

T&P BOOKS

LE CORPS HUMAIN. LES MÉDICAMENTS

T&P Books Publishing

tête (f)	**pea**	[pea]
visage (m)	**nägu**	[nægu]
nez (m)	**nina**	[nina]
bouche (f)	**suu**	[su:]
œil (m)	**silm**	[silʲm]
les yeux	**silmad**	[silʲmat]
pupille (f)	**silmatera**	[silʲmatera]
sourcil (m)	**kulm**	[kulʲm]
cil (m)	**ripse**	[ripse]
paupière (f)	**silmalaug**	[silʲmalaug]
langue (f)	**keel**	[ke:lʲ]
dent (f)	**hammas**	[hammas]
lèvres (f pl)	**huuled**	[hu:let]
pommettes (f pl)	**põsesarnad**	[pɜsesarnat]
gencive (f)	**ige**	[ige]
palais (m)	**suulagi**	[su:lagi]
narines (f pl)	**sõõrmed**	[sɜːrmet]
menton (m)	**lõug**	[lɜug]
mâchoire (f)	**lõualuu**	[lɜualu:]
joue (f)	**põsk**	[pɜsk]
front (m)	**laup**	[laup]
tempe (f)	**meelekoht**	[me:lekoht]
oreille (f)	**kõrv**	[kɜrʋ]
nuque (f)	**kukal**	[kukalʲ]
cou (m)	**kael**	[kaelʲ]
gorge (f)	**kõri**	[kɜri]
cheveux (m pl)	**juuksed**	[ju:kset]
coiffure (f)	**soeng**	[soeng]
coupe (f)	**juukselõikus**	[ju:kselɜikus]
perruque (f)	**parukas**	[parukas]
moustache (f)	**vuntsid**	[ʊʊntsit]
barbe (f)	**habe**	[habe]
porter (~ la barbe)	**kandma**	[kandma]
tresse (f)	**pats**	[pats]
favoris (m pl)	**bakenbardid**	[bakenbardit]
roux (adj)	**punapea**	[punapea]
gris, grisonnant (adj)	**hall**	[halʲ]

| chauve (adj) | kiilas | [ki:las] |
| calvitie (f) | kiilaspea | [ki:laspea] |

| queue (f) de cheval | hobusesaba | [hobusesaba] |
| frange (f) | tukk | [tukk] |

62. Le corps humain

| main (f) | käelaba | [kæelaba] |
| bras (m) | käsi | [kæsi] |

doigt (m)	sõrm	[sɜrm]
orteil (m)	varvas	[ʋarʋas]
pouce (m)	pöial	[pøialʲ]
petit doigt (m)	väike sõrm	[ʋæjke sɜrm]
ongle (m)	küüs	[kʉ:s]

poing (m)	rusikas	[rusikas]
paume (f)	peopesa	[peopesa]
poignet (m)	ranne	[ranne]
avant-bras (m)	küünarvars	[kʉ:narʋars]
coude (m)	küünarnukk	[kʉ:narnukk]
épaule (f)	õlg	[ɜlʲg]

jambe (f)	säär	[sæ:r]
pied (m)	jalalaba	[jalalaba]
genou (m)	põlv	[pɜlʲʋ]
mollet (m)	sääremari	[sæ:remari]

| hanche (f) | puus | [pu:s] |
| talon (m) | kand | [kant] |

corps (m)	keha	[keha]
ventre (m)	kõht	[kɜht]
poitrine (f)	rind	[rint]
sein (m)	rind	[rint]
côté (m)	külg	[kʉlʲg]
dos (m)	selg	[selʲg]

| reins (région lombaire) | ristluud | [risʲtlu:t] |
| taille (f) (~ de guêpe) | talje | [talje] |

nombril (m)	naba	[naba]
fesses (f pl)	tuharad	[tuharat]
derrière (m)	tagumik	[tagumik]

grain (m) de beauté	sünnimärk	[sʉnnimærk]
tache (f) de vin	sünnimärk	[sʉnnimærk]
tatouage (m)	tätoveering	[tætoʋe:ring]
cicatrice (f)	arm	[arm]

63. Les maladies

maladie (f)	haigus	[haigus]
être malade	haige olema	[haige olema]
santé (f)	tervis	[terʋis]

rhume (m) (coryza)	nohu	[nohu]
angine (f)	angiin	[angi:n]
refroidissement (m)	külmetus	[kʉlʲmetus]
prendre froid	külmetuma	[kʉlʲmetuma]

bronchite (f)	bronhiit	[bronhi:t]
pneumonie (f)	kopsupõletik	[kopsupɜletik]
grippe (f)	gripp	[gripp]

myope (adj)	lühinägelik	[lʉhinægelik]
presbyte (adj)	kaugenägelik	[kaugenægelik]
strabisme (m)	kõõrdsilmsus	[kɜ:rdsilʲmsus]
strabique (adj)	kõõrdsilmne	[kɜ:rdsilʲmne]
cataracte (f)	katarakt	[katarakt]
glaucome (m)	glaukoom	[glauko:m]

insulte (f)	insult	[insulʲt]
crise (f) cardiaque	infarkt	[infarkt]
infarctus (m) de myocarde	müokardi infarkt	[mʉokardi infarkt]
paralysie (f)	halvatus	[halʲʋatus]
paralyser (vt)	halvama	[halʲʋama]

allergie (f)	allergia	[alʲergia]
asthme (m)	astma	[asʲtma]
diabète (m)	diabeet	[diabe:t]

| mal (m) de dents | hambavalu | [hambaʋalu] |
| carie (f) | kaaries | [ka:ries] |

diarrhée (f)	kõhulahtisus	[kɜhulahtisus]
constipation (f)	kõhukinnisus	[kɜhukinnisus]
estomac (m) barbouillé	kõhulahtisus	[kɜhulahtisus]
intoxication (f) alimentaire	mürgitus	[mʉrgitus]
être intoxiqué	mürgitust saama	[mʉrgitusʲt sa:ma]

arthrite (f)	artriit	[artri:t]
rachitisme (m)	rahhiit	[rahhi:t]
rhumatisme (m)	reuma	[reuma]
athérosclérose (f)	ateroskleroos	[ateросklero:s]

gastrite (f)	gastriit	[gasʲtri:t]
appendicite (f)	apenditsiit	[apenditsi:t]
cholécystite (f)	koletsüstiit	[koletsʉsʲti:t]
ulcère (m)	haavand	[ha:ʋant]
rougeole (f)	leetrid	[le:trit]

rubéole (f)	punetised	[punetiset]
jaunisse (f)	kollatõbi	[kolʲætɜbi]
hépatite (f)	hepatiit	[hepati:t]

schizophrénie (f)	skisofreenia	[skisofre:nia]
rage (f) (hydrophobie)	marutaud	[marutaut]
névrose (f)	neuroos	[neuro:s]
commotion (f) cérébrale	ajuvapustus	[ajuʋapusʲtus]

cancer (m)	vähk	[ʋæhk]
sclérose (f)	skleroos	[sklero:s]
sclérose (f) en plaques	hajameelne skleroos	[hajame:lʲne sklero:s]

alcoolisme (m)	alkoholism	[alʲkoholism]
alcoolique (m)	alkohoolik	[alʲkoho:lik]
syphilis (f)	süüfilis	[su:filis]
SIDA (m)	AIDS	[aids]

tumeur (f)	kasvaja	[kasʋaja]
maligne (adj)	pahaloomuline	[pahalo:muline]
bénigne (adj)	healoomuline	[healo:muline]

fièvre (f)	palavik	[palaʋik]
malaria (f)	malaaria	[mala:ria]
gangrène (f)	gangreen	[gangre:n]
mal (m) de mer	merehaigus	[merehaigus]
épilepsie (f)	epilepsia	[epilepsia]

épidémie (f)	epideemia	[epide:mia]
typhus (m)	tüüfus	[tu:fus]
tuberculose (f)	tuberkuloos	[tuberkulo:s]
choléra (m)	koolera	[ko:lera]
peste (f)	katk	[katk]

64. Les symptômes. Le traitement. Partie 1

symptôme (m)	sümptom	[sumptom]
température (f)	temperatuur	[temperatu:r]
fièvre (f)	kõrge palavik	[kɜrge palaʋik]
pouls (m)	pulss	[pulʲss]

vertige (m)	peapööritus	[peapø:ritus]
chaud (adj)	kuum	[ku:m]
frisson (m)	vappekülm	[ʋappekulʲm]
pâle (adj)	kahvatu	[kahʋatu]

toux (f)	köha	[køha]
tousser (vi)	köhima	[køhima]
éternuer (vi)	aevastama	[aeʋasʲtama]
évanouissement (m)	minestus	[minesʲtus]

s'évanouir (vp)	teadvust kaotama	[teaduus't kaotama]
bleu (m)	sinikas	[sinikas]
bosse (f)	muhk	[muhk]
se heurter (vp)	ära lööma	[æra lø:ma]
meurtrissure (f)	haiget saanud koht	[haiget sa:nut koht]
se faire mal	haiget saama	[haiget sa:ma]
boiter (vi)	lonkama	[lonkama]
foulure (f)	nihestus	[nihes'tus]
se démettre (l'épaule, etc.)	nihestama	[nihes'tama]
fracture (f)	luumurd	[lu:murt]
avoir une fracture	luud murdma	[lu:t murdma]
coupure (f)	lõikehaav	[lɜikeha:u]
se couper (~ le doigt)	endale sisse lõikama	[endale sisse lɜikama]
hémorragie (f)	verejooks	[uerejo:ks]
brûlure (f)	põletushaav	[pɜletusha:u]
se brûler (vp)	end ära põletama	[ent æra pɜletama]
se piquer (le doigt)	torkama	[torkama]
se piquer (vp)	end torkama	[ent torkama]
blesser (vt)	kergelt haavama	[kergel't ha:uama]
blessure (f)	vigastus	[uigas'tus]
plaie (f) (blessure)	haav	[ha:u]
trauma (m)	trauma	[trauma]
délirer (vi)	sonima	[sonima]
bégayer (vi)	kokutama	[kokutama]
insolation (f)	päiksepiste	[pæjksepis'te]

65. Les symptômes. Le traitement. Partie 2

douleur (f)	valu	[ualu]
écharde (f)	pind	[pint]
sueur (f)	higi	[higi]
suer (vi)	higistama	[higis'tama]
vomissement (m)	okse	[okse]
spasmes (m pl)	krambid	[krambit]
enceinte (adj)	rase	[rase]
naître (vi)	sündima	[sundima]
accouchement (m)	sünnitus	[sunnitus]
accoucher (vi)	sünnitama	[sunnitama]
avortement (m)	abort	[abort]
respiration (f)	hingamine	[hingamine]
inhalation (f)	sissehingamine	[sissehingamine]
expiration (f)	väljahingamine	[uæljahingamine]

| expirer (vi) | välja hingama | [vælja hingama] |
| inspirer (vi) | sisse hingama | [sisse hingama] |

invalide (m)	invaliid	[invali:t]
handicapé (m)	vigane	[vigane]
drogué (m)	narkomaan	[narkoma:n]

sourd (adj)	kurt	[kurt]
muet (adj)	tumm	[tumm]
sourd-muet (adj)	kurttumm	[kurttumm]

fou (adj)	hullumeelne	[hulʲume:lʲne]
fou (m)	vaimuhaige	[vaimuhaige]
folle (f)	vaimuhaige	[vaimuhaige]
devenir fou	hulluks minema	[hulʲuks minema]

gène (m)	geen	[ge:n]
immunité (f)	immuniteet	[immunite:t]
héréditaire (adj)	pärilik	[pærilik]
congénital (adj)	kaasasündinud	[ka:sasɐndinut]

virus (m)	viirus	[vi:rus]
microbe (m)	mikroob	[mikro:b]
bactérie (f)	bakter	[bakter]
infection (f)	nakkus	[nakkus]

66. Les symptômes. Le traitement. Partie 3

| hôpital (m) | haigla | [haigla] |
| patient (m) | patsient | [patsient] |

diagnostic (m)	diagnoos	[diagno:s]
cure (f) (faire une ~)	iseravimine	[iseravimine]
traitement (m)	ravimine	[ravimine]
se faire soigner	ennast ravima	[ennasʲt ravima]
traiter (un patient)	ravima	[ravima]
soigner (un malade)	hoolitsema	[ho:litsema]
soins (m pl)	hoolitsus	[ho:litsus]

opération (f)	operatsioon	[operatsio:n]
panser (vt)	siduma	[siduma]
pansement (m)	sidumine	[sidumine]

vaccination (f)	vaktsineerimine	[vaktsine:rimine]
vacciner (vt)	vaktsineerima	[vaktsine:rima]
piqûre (f)	süst	[sɐsʲt]
faire une piqûre	süstima	[sɐsʲtima]

| crise, attaque (f) | haigushoog | [haigusho:g] |
| amputation (f) | amputeerimine | [ampute:rimine] |

amputer (vt)	amputeerima	[ampute:rima]
coma (m)	kooma	[ko:ma]
être dans le coma	koomas olema	[ko:mas olema]
réanimation (f)	reanimatsioon	[reanimatsio:n]

se rétablir (vp)	terveks saama	[terʋeks sa:ma]
état (m) (de santé)	seisund	[sejsunt]
conscience (f)	teadvus	[teadʋus]
mémoire (f)	mälu	[mælu]

arracher (une dent)	hammast välja tõmbama	[hammasʲt ʋælja tɜmbama]
plombage (m)	plomm	[plomm]
plomber (vt)	plombeerima	[plombe:rima]

| hypnose (f) | hüpnoos | [hʉpno:s] |
| hypnotiser (vt) | hüpnotiseerima | [hʉpnotise:rima] |

67. Les médicaments. Les accessoires

médicament (m)	ravim	[raʋim]
remède (m)	vahend	[ʋahent]
prescrire (vt)	välja kirjutama	[ʋælja kirjutama]
ordonnance (f)	retsept	[retsept]

comprimé (m)	tablett	[tablett]
onguent (m)	salv	[salʲʋ]
ampoule (f)	ampull	[ampulʲ]
mixture (f)	mikstuur	[miksʲtu:r]
sirop (m)	siirup	[si:rup]
pilule (f)	pill	[pilʲ]
poudre (f)	pulber	[pulʲber]

bande (f)	side	[side]
coton (m) (ouate)	vatt	[ʋatt]
iode (m)	jood	[jo:t]

sparadrap (m)	plaaster	[pla:sʲter]
compte-gouttes (m)	pipett	[pipett]
thermomètre (m)	kraadiklaas	[kra:dikla:s]
seringue (f)	süstal	[sʉsʲtalʲ]

| fauteuil (m) roulant | invaliidikäru | [inʋali:dikæru] |
| béquilles (f pl) | kargud | [kargut] |

anesthésique (m)	valuvaigisti	[ʋaluʋaigisʲti]
purgatif (m)	kõhulahtisti	[kɜhulahtisʲti]
alcool (m)	piiritus	[pi:ritus]
herbe (f) médicinale	maarohud	[ma:rohut]
d'herbes (adj)	maarohtudest	[ma:rohtudesʲt]

L'APPARTEMENT

T&P Books Publishing

68. L'appartement

appartement (m)	**korter**	[korter]
chambre (f)	**tuba**	[tuba]
chambre (f) à coucher	**magamistuba**	[magamisʲtuba]
salle (f) à manger	**söögituba**	[sø:gituba]
salon (m)	**külalistuba**	[kʉlalisʲtuba]
bureau (m)	**kabinet**	[kabinet]
antichambre (f)	**esik**	[esik]
salle (f) de bains	**vannituba**	[ʋannituba]
toilettes (f pl)	**tualett**	[tualett]
plafond (m)	**lagi**	[lagi]
plancher (m)	**põrand**	[pɜrant]
coin (m)	**nurk**	[nurk]

69. Les meubles. L'intérieur

meubles (m pl)	**mööbel**	[mø:belʲ]
table (f)	**laud**	[laut]
chaise (f)	**tool**	[to:lʲ]
lit (m)	**voodi**	[ʋo:di]
canapé (m)	**diivan**	[di:ʋan]
fauteuil (m)	**tugitool**	[tugito:lʲ]
bibliothèque (f) (meuble)	**raamatukapp**	[ra:matukapp]
rayon (m)	**raamaturiiul**	[ra:maturi:ulʲ]
armoire (f)	**riidekapp**	[ri:dekapp]
patère (f)	**varn**	[ʋarn]
portemanteau (m)	**nagi**	[nagi]
commode (f)	**kummut**	[kummut]
table (f) basse	**diivanlaud**	[di:ʋanilaut]
miroir (m)	**peegel**	[pe:gelʲ]
tapis (m)	**vaip**	[ʋaip]
petit tapis (m)	**uksematt**	[uksematt]
cheminée (f)	**kamin**	[kamin]
bougie (f)	**küünal**	[kʉ:nalʲ]
chandelier (m)	**küünlajalg**	[kʉ:nlajalʲg]
rideaux (m pl)	**külgkardinad**	[kʉlʲgkardinat]

papier (m) peint	tapeet	[tape:t]
jalousie (f)	ribakardinad	[ribakardinat]

lampe (f) de table	laualamp	[laualamp]
applique (f)	valgusti	[ʋalʲgusʲti]
lampadaire (m)	põrandalamp	[pɜrandalamp]
lustre (m)	lühter	[lʉhter]

pied (m) (~ de la table)	jalg	[jalʲg]
accoudoir (m)	käetugi	[kæetugi]
dossier (m)	seljatugi	[seljatugi]
tiroir (m)	sahtel	[sahtelʲ]

70. La literie

linge (m) de lit	voodipesu	[ʋo:dipesu]
oreiller (m)	padi	[padi]
taie (f) d'oreiller	padjapüür	[padjapʉ:r]
couverture (f)	tekk	[tekk]
drap (m)	voodilina	[ʋo:dilina]
couvre-lit (m)	voodikate	[ʋo:dikate]

71. La cuisine

cuisine (f)	köök	[kø:k]
gaz (m)	gaas	[ga:s]
cuisinière (f) à gaz	gaasipliit	[ga:sipli:t]
cuisinière (f) électrique	elektripliit	[elektripli:t]
four (m)	praeahi	[praeahi]
four (m) micro-ondes	mikrolaineahi	[mikrolaineahi]

réfrigérateur (m)	külmkapp	[kʉlʲmkapp]
congélateur (m)	jääkapp	[jæ:kapp]
lave-vaisselle (m)	nõudepesumasin	[nɜudepesumasin]

hachoir (m) à viande	hakklihamasin	[hakklihamasin]
centrifugeuse (f)	mahlapress	[mahlapress]
grille-pain (m)	röster	[røsʲter]
batteur (m)	mikser	[mikser]

machine (f) à café	kohvikeetja	[kohʋike:tja]
cafetière (f)	kohvikann	[kohʋikann]
moulin (m) à café	kohviveski	[kohʋiʋeski]

bouilloire (f)	veekeetja	[ʋe:ke:tja]
théière (f)	teekann	[te:kann]
couvercle (m)	kaas	[ka:s]
passoire (f) à thé	teesõel	[te:sɜelʲ]

cuillère (f)	lusikas	[lusikas]
petite cuillère (f)	teelusikas	[te:lusikas]
cuillère (f) à soupe	supilusikas	[supilusikas]
fourchette (f)	kahvel	[kahʋelʲ]
couteau (m)	nuga	[nuga]

vaisselle (f)	toidunõud	[tojdunɜut]
assiette (f)	taldrik	[talʲdrik]
soucoupe (f)	alustass	[alusʲtass]

verre (m) à shot	napsiklaas	[napsikla:s]
verre (m) (~ d'eau)	klaas	[kla:s]
tasse (f)	tass	[tass]

sucrier (m)	suhkrutoos	[suhkruto:s]
salière (f)	soolatoos	[so:lato:s]
poivrière (f)	pipratops	[pipratops]
beurrier (m)	võitoos	[ʋɜito:s]

casserole (f)	pott	[pott]
poêle (f)	pann	[pann]
louche (f)	supikulp	[supikulʲp]
passoire (f)	kurnkopsik	[kurnkopsik]
plateau (m)	kandik	[kandik]

bouteille (f)	pudel	[pudelʲ]
bocal (m) (à conserves)	klaaspurk	[kla:spurk]
boîte (f) en fer-blanc	plekkpurk	[plekkpurk]

ouvre-bouteille (m)	pudeliavaja	[pudeliaʋaja]
ouvre-boîte (m)	konserviavaja	[konserʋiaʋaja]
tire-bouchon (m)	korgitser	[korgitser]
filtre (m)	filter	[filʲter]
filtrer (vt)	filtreerima	[filʲtre:rima]

| ordures (f pl) | prügi | [prʉgi] |
| poubelle (f) | prügiämber | [prʉgiæmber] |

72. La salle de bains

salle (f) de bains	vannituba	[ʋannituba]
eau (f)	vesi	[ʋesi]
robinet (m)	kraan	[kra:n]
eau (f) chaude	soe vesi	[soe ʋesi]
eau (f) froide	külm vesi	[kʉlʲm ʋesi]

dentifrice (m)	hambapasta	[hambapasʲta]
se brosser les dents	hambaid pesema	[hambait pesema]
brosse (f) à dents	hambahari	[hambahari]
se raser (vp)	habet ajama	[habet ajama]

| mousse (f) à raser | habemeajamiskreem | [habemeajamiskre:m] |
| rasoir (m) | pardel | [pardelʲ] |

laver (vt)	pesema	[pesema]
se laver (vp)	ennast pesema	[ennasʲt pesema]
douche (f)	dušš	[duʃʃ]
prendre une douche	duši all käima	[duʃi alʲ kæjma]

baignoire (f)	vann	[ʋann]
cuvette (f)	WC-pott	[ʋeʦe pott]
lavabo (m)	kraanikauss	[kra:nikauss]

| savon (m) | seep | [se:p] |
| porte-savon (m) | seebikarp | [se:bikarp] |

éponge (f)	nuustik	[nu:sʲtik]
shampooing (m)	šampoon	[ʃampo:n]
serviette (f)	käterätik	[kæterætik]
peignoir (m) de bain	hommikumantel	[hommikumantelʲ]

lessive (f) (faire la ~)	pesupesemine	[pesupesemine]
machine (f) à laver	pesumasin	[pesumasin]
faire la lessive	pesu pesema	[pesu pesema]
lessive (f) (poudre)	pesupulber	[pesupulʲber]

73. Les appareils électroménagers

téléviseur (m)	televiisor	[teleʋi:sor]
magnétophone (m)	magnetofon	[magnetofon]
magnétoscope (m)	videomagnetofon	[ʋideomagnetofon]
radio (f)	raadio	[ra:dio]
lecteur (m)	pleier	[plejer]

vidéoprojecteur (m)	videoprojektor	[ʋideoprojektor]
home cinéma (m)	kodukino	[kodukino]
lecteur DVD (m)	DVD-mängija	[dʋd-mængija]
amplificateur (m)	võimendi	[ʋɔimendi]
console (f) de jeux	mängukonsool	[mængukonso:lʲ]

caméscope (m)	videokaamera	[ʋideoka:mera]
appareil (m) photo	fotoaparaat	[fotoapara:t]
appareil (m) photo numérique	fotokaamera	[fotoka:mera]

aspirateur (m)	tolmuimeja	[tolʲmuimeja]
fer (m) à repasser	triikraud	[tri:kraut]
planche (f) à repasser	triikimislaud	[tri:kimislaut]

| téléphone (m) | telefon | [telefon] |
| portable (m) | mobiiltelefon | [mobi:lʲtelefon] |

machine (f) à écrire	**kirjutusmasin**	[kirjutusmasin]
machine (f) à coudre	**õmblusmasin**	[ɜmblusmasin]
micro (m)	**mikrofon**	[mikrofon]
écouteurs (m pl)	**kõrvaklapid**	[kɜrʋaklapit]
télécommande (f)	**pult**	[pulʲt]
CD (m)	**CD-plaat**	[tsede plaːt]
cassette (f)	**kassett**	[kassett]
disque (m) (vinyle)	**heliplaat**	[heliplaːt]

LA TERRE. LE TEMPS

T&P Books Publishing

cosmos (m)	**kosmos**	[kosmos]
cosmique (adj)	**kosmiline**	[kosmiline]
espace (m) cosmique	**maailmaruum**	[maːilʲmaruːm]
monde (m)	**maailm**	[maːilʲm]
univers (m)	**universum**	[uniʋersum]
galaxie (f)	**galaktika**	[galaktika]
étoile (f)	**täht**	[tæht]
constellation (f)	**tähtkuju**	[tæhtkuju]
planète (f)	**planeet**	[planeːt]
satellite (m)	**satelliit**	[satelʲiːt]
météorite (m)	**meteoriit**	[meteoriːt]
comète (f)	**komeet**	[komeːt]
astéroïde (m)	**asteroid**	[asʲterojt]
orbite (f)	**orbiit**	[orbiːt]
tourner (vi)	**keerlema**	[keːrlema]
atmosphère (f)	**atmosfäär**	[atmosfæːr]
Soleil (m)	**Päike**	[pæjke]
système (m) solaire	**Päikesesüsteem**	[pæjkesesʉsʲteːm]
éclipse (f) de soleil	**päiksevarjutus**	[pæjkseʋarjutus]
Terre (f)	**Maa**	[maː]
Lune (f)	**Kuu**	[kuː]
Mars (m)	**Marss**	[marss]
Vénus (f)	**Veenus**	[ʋeːnus]
Jupiter (m)	**Jupiter**	[jupiter]
Saturne (m)	**Saturn**	[saturn]
Mercure (m)	**Merkuur**	[merkuːr]
Uranus (m)	**Uraan**	[uraːn]
Neptune	**Neptuun**	[neptuːn]
Pluton (m)	**Pluuto**	[pluːto]
la Voie Lactée	**Linnutee**	[linnuteː]
la Grande Ours	**Suur Vanker**	[suːr ʋanker]
la Polaire	**Põhjanael**	[pɤhjanaelʲ]
martien (m)	**marslane**	[marslane]
extraterrestre (m)	**võõra planeedi asukas**	[ʋɜːra planeːdi asukas]

| alien (m) | tulnukas | [tulʲnukas] |
| soucoupe (f) volante | lendav taldrik | [lendau talʲdrik] |

vaisseau (m) spatial	kosmoselaev	[kosmoselaeu]
station (f) orbitale	orbitaaljaam	[orbita:lja:m]
lancement (m)	start	[sʲtart]

moteur (m)	mootor	[mo:tor]
tuyère (f)	düüs	[dʉ:s]
carburant (m)	kütus	[kʉtus]

cabine (f)	kabiin	[kabi:n]
antenne (f)	antenn	[antenn]
hublot (m)	illuminaator	[ilʲumina:tor]
batterie (f) solaire	päikesepatarei	[pæjkesepatarej]
scaphandre (m)	skafander	[skafander]

| apesanteur (f) | kaaluta olek | [ka:luta olek] |
| oxygène (m) | hapnik | [hapnik] |

| arrimage (m) | põkkumine | [pɔkkumine] |
| s'arrimer à ... | põkkama | [pɔkkama] |

observatoire (m)	observatoorium	[obseruato:rium]
télescope (m)	teleskoop	[telesko:p]
observer (vt)	jälgima	[jælʲgima]
explorer (un cosmos)	uurima	[u:rima]

75. La Terre

Terre (f)	Maa	[ma:]
globe (m) terrestre	maakera	[ma:kera]
planète (f)	planeet	[plane:t]

atmosphère (f)	atmosfäär	[atmosfæ:r]
géographie (f)	geograafia	[geogra:fia]
nature (f)	loodus	[lo:dus]

globe (m) de table	gloobus	[glo:bus]
carte (f)	kaart	[ka:rt]
atlas (m)	atlas	[atlas]

Europe (f)	Euroopa	[euro:pa]
Asie (f)	Aasia	[a:sia]
Afrique (f)	Aafrika	[a:frika]
Australie (f)	Austraalia	[ausʲtra:lia]

Amérique (f)	Ameerika	[ame:rika]
Amérique (f) du Nord	Põhja-Ameerika	[pɔhja-ame:rika]
Amérique (f) du Sud	Lõuna-Ameerika	[lɜuna-ame:rika]

| l'Antarctique (m) | **Antarktis** | [antarktis] |
| l'Arctique (m) | **Arktika** | [arktika] |

76. Les quatre parties du monde

nord (m)	**põhi**	[pɜhi]
vers le nord	**põhja**	[pɜhja]
au nord	**põhjas**	[pɜhjas]
du nord (adj)	**põhja-**	[pɜhja-]

sud (m)	**lõuna**	[lɜuna]
vers le sud	**lõunasse**	[lɜunasse]
au sud	**lõunas**	[lɜunas]
du sud (adj)	**lõuna-**	[lɜuna-]

ouest (m)	**lääs**	[lʲæ:s]
vers l'occident	**läände**	[lʲæ:nde]
à l'occident	**läänes**	[lʲæ:nes]
occidental (adj)	**lääne-**	[lʲæ:ne-]

est (m)	**ida**	[ida]
vers l'orient	**itta**	[itta]
à l'orient	**idas**	[idas]
oriental (adj)	**ida-**	[ida-]

77. Les océans et les mers

mer (f)	**meri**	[meri]
océan (m)	**ookean**	[o:kean]
golfe (m)	**laht**	[laht]
détroit (m)	**väin**	[ʋæjn]

terre (f) ferme	**maismaa**	[maisma:]
continent (m)	**manner**	[manner]
île (f)	**saar**	[sa:r]
presqu'île (f)	**poolsaar**	[po:lʲsa:r]
archipel (m)	**arhipelaag**	[arhipela:g]

baie (f)	**laht**	[laht]
port (m)	**sadam**	[sadam]
lagune (f)	**laguun**	[lagu:n]
cap (m)	**neem**	[ne:m]

atoll (m)	**atoll**	[atolʲ]
récif (m)	**riff**	[riff]
corail (m)	**korall**	[koralʲ]
récif (m) de corail	**korallrahu**	[koralʲrahu]
profond (adj)	**sügav**	[sɯgaʋ]

profondeur (f)	sügavus	[sɯgaʊus]
abîme (m)	sügavik	[sɯgaʊik]
fosse (f) océanique	nõgu	[nɜgu]

| courant (m) | hoovus | [ho:ʊus] |
| baigner (vt) (mer) | uhtuma | [uhtuma] |

| littoral (m) | rand | [rant] |
| côte (f) | rannik | [rannik] |

marée (f) haute	tõus	[tɜus]
marée (f) basse	mõõn	[mɜ:n]
banc (m) de sable	madalik	[madalik]
fond (m)	põhi	[pɜhi]

vague (f)	laine	[laine]
crête (f) de la vague	lainehari	[lainehari]
mousse (f)	vaht	[ʊaht]

tempête (f) en mer	torm	[torm]
ouragan (m)	orkaan	[orka:n]
tsunami (m)	tsunami	[tsunami]
calme (m)	tuulevaikus	[tu:leʊaikus]
calme (tranquille)	rahulik	[rahulik]

| pôle (m) | poolus | [po:lus] |
| polaire (adj) | polaar- | [pola:r-] |

latitude (f)	laius	[laius]
longitude (f)	pikkus	[pikkus]
parallèle (f)	paralleel	[paralʲeːlʲ]
équateur (m)	ekvaator	[ekʊa:tor]

ciel (m)	taevas	[taeʊas]
horizon (m)	silmapiir	[silʲmapi:r]
air (m)	õhk	[ɜhk]

phare (m)	majakas	[majakas]
plonger (vi)	sukelduma	[sukelʲduma]
sombrer (vi)	uppuma	[uppuma]
trésor (m)	aarded	[a:rdet]

78. Les noms des mers et des océans

océan (m) Atlantique	**Atlandi ookean**	[atlandi o:kean]
océan (m) Indien	**India ookean**	[india o:kean]
océan (m) Pacifique	**Vaikne ookean**	[ʊaikne o:kean]
océan (m) Glacial	**Põhja-Jäämeri**	[pɜhja-jæ:meri]
mer (f) Noire	**Must meri**	[musʲt meri]
mer (f) Rouge	**Punane meri**	[punane meri]

| mer (f) Jaune | Kollane meri | [kolʲæne meri] |
| mer (f) Blanche | Valge meri | [ʋalʲge meri] |

mer (f) Caspienne	Kaspia meri	[kaspia meri]
mer (f) Morte	Surnumeri	[surnumeri]
mer (f) Méditerranée	Vahemeri	[ʋahemeri]

| mer (f) Égée | Egeuse meri | [egeuse meri] |
| mer (f) Adriatique | Aadria meri | [aːdria meri] |

mer (f) Arabique	Araabia meri	[araːbia meri]
mer (f) du Japon	Jaapani meri	[jaːpani meri]
mer (f) de Béring	Beringi meri	[beringi meri]
mer (f) de Chine Méridionale	Lõuna-Hiina meri	[lɜuna-hiːna meri]

mer (f) de Corail	Korallide meri	[koralʲide meri]
mer (f) de Tasman	Tasmaania meri	[tasmaːnia meri]
mer (f) Caraïbe	Kariibi meri	[kariːbi meri]

| mer (f) de Barents | Barentsi meri | [barentsi meri] |
| mer (f) de Kara | Kara meri | [kara meri] |

mer (f) du Nord	Põhjameri	[pɜhjameri]
mer (f) Baltique	Läänemeri	[lʲæːnemeri]
mer (f) de Norvège	Norra meri	[norra meri]

79. Les montagnes

montagne (f)	mägi	[mægi]
chaîne (f) de montagnes	mäeahelik	[mæəahelik]
crête (f)	mäeahelik	[mæəahelik]

sommet (m)	tipp	[tipp]
pic (m)	mäetipp	[mæətipp]
pied (m)	jalam	[jalam]
pente (f)	nõlv	[nɜlʲʊ]

volcan (m)	vulkaan	[ʋulʲkaːn]
volcan (m) actif	tegutsev vulkaan	[tegutseʋ ʋulʲkaːn]
volcan (m) éteint	kustunud vulkaan	[kusʲtunut ʋulʲkaːn]

éruption (f)	vulkaanipurse	[ʋulʲkaːnipurse]
cratère (m)	kraater	[kraːter]
magma (m)	magma	[magma]
lave (f)	laava	[laːʋa]
en fusion (lave ~)	hõõguv	[hɜːguʋ]

| canyon (m) | kanjon | [kanjon] |
| défilé (m) (gorge) | kuristik, taarn | [kurisʲtik, taːrn] |

| crevasse (f) | kaljulõhe | [kaljulɜhe] |
| précipice (m) | kuristik | [kurisʲtik] |

col (m) de montagne	kuru	[kuru]
plateau (m)	platoo	[plato:]
rocher (m)	kalju	[kalju]
colline (f)	küngas	[kʉngas]

glacier (m)	liustik	[liusʲtik]
chute (f) d'eau	juga	[juga]
geyser (m)	geiser	[gejser]
lac (m)	järv	[jærʊ]

plaine (f)	lausmaa	[lausma:]
paysage (m)	maastik	[ma:sʲtik]
écho (m)	kaja	[kaja]

alpiniste (m)	alpinist	[alʲpinisʲt]
varappeur (m)	kaljuronija	[kaljuronija]
conquérir (vt)	vallutama	[ʋalʲutama]
ascension (f)	mäkketõus	[mækketɜus]

80. Les noms des chaînes de montagne

Alpes (f pl)	Alpid	[alʲpit]
Mont Blanc (m)	Mont Blanc	[mon blan]
Pyrénées (f pl)	Püreneed	[pʉrene:t]

Carpates (f pl)	Karpaadid	[karpa:dit]
Monts Oural (m pl)	Uurali mäed	[u:rali mæet]
Caucase (m)	Kaukasus	[kaukasus]
Elbrous (m)	Elbrus	[elʲbrus]

Altaï (m)	Altai	[alʲtai]
Tian Chan (m)	Tjan-Šan	[tjanʃan]
Pamir (m)	Pamiir	[pami:r]
Himalaya (m)	Himaalaja	[hima:laja]
Everest (m)	Everest	[eʋeresʲt]

| Andes (f pl) | Andid | [andit] |
| Kilimandjaro (m) | Kilimandžaaro | [kilimandʒa:ro] |

81. Les fleuves

rivière (f), fleuve (m)	jõgi	[jɜgi]
source (f)	allikas	[alʲikas]
lit (m) (d'une rivière)	säng	[sæng]
bassin (m)	bassein	[bassejn]

se jeter dans ...	suubuma	[suːbuma]
affluent (m)	lisajõgi	[lisajɜgi]
rive (f)	kallas	[kalʲæs]

courant (m)	vool	[ʋoːlʲ]
en aval	allavoolu	[alʲæʋoːlu]
en amont	ülesvoolu	[ʉlesʋoːlu]

inondation (f)	üleujutus	[ʉleujutus]
les grandes crues	suurvesi	[suːrʋesi]
déborder (vt)	üle ujutama	[ʉle ujutama]
inonder (vt)	uputama	[uputama]

| bas-fond (m) | madalik | [madalik] |
| rapide (m) | lävi | [lʲæʋi] |

barrage (m)	pais	[pais]
canal (m)	kanal	[kanalʲ]
lac (m) de barrage	veehoidla	[ʋeːhojtla]
écluse (f)	lüüs	[lʉːs]

plan (m) d'eau	veekogu	[ʋeːkogu]
marais (m)	soo	[soː]
fondrière (f)	öötssoo	[ɜːtssoː]
tourbillon (m)	veekeeris	[ʋeːkeːris]

ruisseau (m)	oja	[oja]
potable (adj)	joogi-	[joːgi-]
douce (l'eau ~)	mage-	[mage-]

| glace (f) | jää | [jæː] |
| être gelé | külmuma | [kʉlʲmuma] |

82. Les noms des fleuves

| Seine (f) | Seine | [sen] |
| Loire (f) | Loire | [luaːr] |

Tamise (f)	Thames	[tems]
Rhin (m)	Rein	[rejn]
Danube (m)	Doonau	[doːnau]

Volga (f)	Volga	[ʋolʲga]
Don (m)	Don	[don]
Lena (f)	Leena	[leːna]

Huang He (m)	Huang He	[huanhe]
Yangzi Jiang (m)	Jangtse	[jangtse]
Mékong (m)	Mekong	[mekong]
Gange (m)	Ganges	[ganges]

Nil (m)	Niilus	[ni:lus]
Congo (m)	Kongo	[kongo]
Okavango (m)	Okavango	[okaʋango]
Zambèze (m)	Zambezi	[sambesi]
Limpopo (m)	Limpopo	[limpopo]
Mississipi (m)	Mississippi	[misisippi]

83. La forêt

forêt (f)	mets	[mets]
forestier (adj)	metsa-	[metsa-]
fourré (m)	tihnik	[tihnik]
bosquet (m)	salu	[salu]
clairière (f)	lagendik	[lagendik]
broussailles (f pl)	padrik	[padrik]
taillis (m)	põõsastik	[pɜ:sasʲtik]
sentier (m)	jalgrada	[jalʲgrada]
ravin (m)	jäärak	[jæ:rak]
arbre (m)	puu	[pu:]
feuille (f)	leht	[leht]
feuillage (m)	lehestik	[lehesʲtik]
chute (f) de feuilles	lehtede langemine	[lehtede langemine]
tomber (feuilles)	langema	[langema]
sommet (m)	latv	[latʋ]
rameau (m)	oks	[oks]
branche (f)	oks	[oks]
bourgeon (m)	pung	[pung]
aiguille (f)	okas	[okas]
pomme (f) de pin	käbi	[kæbi]
creux (m)	puuõõs	[pu:ɜ:s]
nid (m)	pesa	[pesa]
terrier (m) (~ d'un renard)	urg	[urg]
tronc (m)	tüvi	[tʉʋi]
racine (f)	juur	[ju:r]
écorce (f)	koor	[ko:r]
mousse (f)	sammal	[sammalʲ]
déraciner (vt)	juurima	[ju:rima]
abattre (un arbre)	raiuma	[raiuma]
déboiser (vt)	maha raiuma	[maha raiuma]
souche (f)	känd	[kænt]
feu (m) de bois	lõke	[lɜke]

| incendie (m) | tulekahju | [tulekahju] |
| éteindre (feu) | kustutama | [kusᶦtutama] |

garde (m) forestier	metsavaht	[metsaʋaht]
protection (f)	taimekaitse	[taimekaitse]
protéger (vt)	looduskaitse	[lo:duskaitse]
braconnier (m)	salakütt	[salakʉtt]
piège (m) à mâchoires	püünis	[pʉ:nis]

| cueillir (vt) | korjama | [korjama] |
| s'égarer (vp) | ära eksima | [æra eksima] |

84. Les ressources naturelles

ressources (f pl) naturelles	loodusvarad	[lo:dusʋarat]
minéraux (m pl)	maavarad	[ma:ʋarat]
gisement (m)	lademed	[lademet]
champ (m) (~ pétrolifère)	leiukoht	[lejukoht]

extraire (vt)	kaevandama	[kaeʋandama]
extraction (f)	kaevandamine	[kaeʋandamine]
minerai (m)	maak	[ma:k]
mine (f) (site)	kaevandus	[kaeʋandus]
puits (m) de mine	šaht	[ʃaht]
mineur (m)	kaevur	[kaeʋur]

| gaz (m) | gaas | [ga:s] |
| gazoduc (m) | gaasijuhe | [ga:sijuhe] |

pétrole (m)	nafta	[nafta]
pipeline (m)	naftajuhe	[naftajuhe]
tour (f) de forage	nafta puurtorn	[nafta pu:rtorn]
derrick (m)	puurtorn	[pu:rtorn]
pétrolier (m)	tanker	[tanker]

sable (m)	liiv	[li:ʋ]
calcaire (m)	paekivi	[paekiʋi]
gravier (m)	kruus	[kru:s]
tourbe (f)	turvas	[turʋas]
argile (f)	savi	[saʋi]
charbon (m)	süsi	[sʉsi]

fer (m)	raud	[raut]
or (m)	kuld	[kulᶦt]
argent (m)	hõbe	[hɜbe]
nickel (m)	nikkel	[nikkelʲ]
cuivre (m)	vask	[ʋask]

| zinc (m) | tsink | [tsink] |
| manganèse (m) | mangaan | [manga:n] |

mercure (m)	**elavhõbe**	[elɑuhɔbe]
plomb (m)	**seatina**	[seatina]
minéral (m)	**mineraal**	[minera:lʲ]
cristal (m)	**kristall**	[krisʲtalʲ]
marbre (m)	**marmor**	[marmor]
uranium (m)	**uraan**	[ura:n]

85. Le temps

temps (m)	**ilm**	[ilʲm]
météo (f)	**ilmaennustus**	[ilʲmaennusʲtus]
température (f)	**temperatuur**	[temperatu:r]
thermomètre (m)	**kraadiklaas**	[kra:dikla:s]
baromètre (m)	**baromeeter**	[barome:ter]
humide (adj)	**niiske**	[ni:ske]
humidité (f)	**niiskus**	[ni:skus]
chaleur (f) (canicule)	**kuumus**	[ku:mus]
torride (adj)	**kuum**	[ku:m]
il fait très chaud	**on kuum**	[on ku:m]
il fait chaud	**soojus**	[so:jus]
chaud (modérément)	**soe**	[soe]
il fait froid	**on külm**	[on kʉlʲm]
froid (adj)	**külm**	[kʉlʲm]
soleil (m)	**päike**	[pæjke]
briller (soleil)	**paistma**	[paisʲtma]
ensoleillé (jour ~)	**päikseline**	[pæjkseline]
se lever (vp)	**tõusma**	[tɔusma]
se coucher (vp)	**loojuma**	[lo:juma]
nuage (m)	**pilv**	[pilʲu]
nuageux (adj)	**pilves**	[pilʲues]
nuée (f)	**pilv**	[pilʲu]
sombre (adj)	**sompus**	[sompus]
pluie (f)	**vihm**	[uihm]
il pleut	**vihma sajab**	[uihma sajab]
pluvieux (adj)	**vihmane**	[uihmane]
bruiner (v imp)	**tibutama**	[tibutama]
pluie (f) torrentielle	**paduvihm**	[paduuihm]
averse (f)	**hoovihm**	[ho:uihm]
forte (la pluie ~)	**tugev**	[tugeu]
flaque (f)	**lomp**	[lomp]
se faire mouiller	**märjaks saama**	[mærjaks sa:ma]
brouillard (m)	**udu**	[udu]

brumeux (adj)	udune	[udune]
neige (f)	lumi	[lumi]
il neige	lund sajab	[lunt sajab]

86. Les intempéries. Les catastrophes naturelles

orage (m)	äike	[æjke]
éclair (m)	välk	[uælʲk]
éclater (foudre)	välku lööma	[uælʲku lø:ma]

tonnerre (m)	kõu	[kɜu]
gronder (tonnerre)	müristama	[mʉrisʲtama]
le tonnerre gronde	müristab	[mʉrisʲtab]

| grêle (f) | rahe | [rahe] |
| il grêle | rahet sajab | [rahet sajab] |

| inonder (vt) | üle ujutama | [ʉle ujutama] |
| inondation (f) | üleujutus | [ʉleujutus] |

tremblement (m) de terre	maavärin	[ma:uærin]
secousse (f)	tõuge	[tɜuge]
épicentre (m)	epitsenter	[epitsenter]

| éruption (f) | vulkaanipurse | [uulʲka:nipurse] |
| lave (f) | laava | [la:ua] |

tourbillon (m)	tromb	[tromb]
tornade (f)	tornaado	[torna:do]
typhon (m)	taifuun	[taifu:n]

ouragan (m)	orkaan	[orka:n]
tempête (f)	torm	[torm]
tsunami (m)	tsunami	[tsunami]

cyclone (m)	tsüklon	[tsʉklon]
intempéries (f pl)	halb ilm	[halʲb ilʲm]
incendie (m)	tulekahju	[tulekahju]
catastrophe (f)	katastroof	[katasʲtro:f]
météorite (m)	meteoriit	[meteori:t]

avalanche (f)	laviin	[laui:n]
éboulement (m)	varing	[uaring]
blizzard (m)	lumetorm	[lumetorm]
tempête (f) de neige	tuisk	[tuisk]

T&P BOOKS

LA FAUNE

T&P Books Publishing

87. Les mammifères. Les prédateurs

prédateur (m)	**kiskja**	[kiskja]
tigre (m)	**tiiger**	[ti:ger]
lion (m)	**lõvi**	[lɜʋi]
loup (m)	**hunt**	[hunt]
renard (m)	**rebane**	[rebane]
jaguar (m)	**jaaguar**	[ja:guar]
léopard (m)	**leopard**	[leopart]
guépard (m)	**gepard**	[gepart]
panthère (f)	**panter**	[panter]
puma (m)	**puuma**	[pu:ma]
léopard (m) de neiges	**lumeleopard**	[lumeleopart]
lynx (m)	**ilves**	[ilʲʋes]
coyote (m)	**koiott**	[kojott]
chacal (m)	**šaakal**	[ʃa:kalʲ]
hyène (f)	**hüään**	[hʉæ:n]

88. Les animaux sauvages

animal (m)	**loom**	[lo:m]
bête (f)	**metsloom**	[metslo:m]
écureuil (m)	**orav**	[oraʋ]
hérisson (m)	**siil**	[si:lʲ]
lièvre (m)	**jänes**	[jænes]
lapin (m)	**küülik**	[kʉ:lik]
blaireau (m)	**mäger**	[mæger]
raton (m)	**pesukaru**	[pesukaru]
hamster (m)	**hamster**	[hamsʲter]
marmotte (f)	**koopaorav**	[ko:paoraʋ]
taupe (f)	**mutt**	[mutt]
souris (f)	**hiir**	[hi:r]
rat (m)	**rott**	[rott]
chauve-souris (f)	**nahkhiir**	[nahkhi:r]
hermine (f)	**kärp**	[kærp]
zibeline (f)	**soobel**	[so:belʲ]
martre (f)	**nugis**	[nugis]

belette (f)	nirk	[nirk]
vison (m)	naarits	[naːrits]
castor (m)	kobras	[kobras]
loutre (f)	saarmas	[saːrmas]
cheval (m)	hobune	[hobune]
élan (m)	põder	[pɜder]
cerf (m)	põhjapõder	[pɜhjapɜder]
chameau (m)	kaamel	[kaːmelʲ]
bison (m)	piison	[piːson]
aurochs (m)	euroopa piison	[euroːpa piːson]
buffle (m)	pühvel	[pʉhʋelʲ]
zèbre (m)	sebra	[sebra]
antilope (f)	antiloop	[antiloːp]
chevreuil (m)	metskits	[metskits]
biche (f)	kabehirv	[kabehirʋ]
chamois (m)	mägikits	[mægikits]
sanglier (m)	metssiga	[metssiga]
baleine (f)	vaal	[ʋaːlʲ]
phoque (m)	hüljes	[hʉljes]
morse (m)	merihobu	[merihobu]
ours (m) de mer	kotik	[kotik]
dauphin (m)	delfiin	[delfiːn]
ours (m)	karu	[karu]
ours (m) blanc	jääkaru	[jæːkaru]
panda (m)	panda	[panda]
singe (m)	ahv	[ahʋ]
chimpanzé (m)	šimpans	[ʃimpans]
orang-outang (m)	orangutang	[orangutang]
gorille (m)	gorilla	[gorilʲæ]
macaque (m)	makaak	[makaːk]
gibbon (m)	gibon	[gibon]
éléphant (m)	elevant	[eleʋant]
rhinocéros (m)	ninasarvik	[ninasarʋik]
girafe (f)	kaelkirjak	[kaelʲkirjak]
hippopotame (m)	jõehobu	[jɜehobu]
kangourou (m)	känguru	[kænguru]
koala (m)	koaala	[koaːla]
mangouste (f)	mangust	[mangusʲt]
chinchilla (m)	tšintšilja	[tʃintʃilja]
mouffette (f)	skunk	[skunk]
porc-épic (m)	okassiga	[okassiga]

89. Les animaux domestiques

chat (m) (femelle)	**kass**	[kass]
chat (m) (mâle)	**kass**	[kass]
chien (m)	**koer**	[koer]
cheval (m)	**hobune**	[hobune]
étalon (m)	**täkk**	[tækk]
jument (f)	**mära**	[mæra]
vache (f)	**lehm**	[lehm]
taureau (m)	**pull**	[pulʲ]
bœuf (m)	**härg**	[hærg]
brebis (f)	**lammas**	[lammas]
mouton (m)	**oinas**	[ojnas]
chèvre (f)	**kits**	[kits]
bouc (m)	**sokk**	[sokk]
âne (m)	**eesel**	[e:selʲ]
mulet (m)	**muul**	[mu:lʲ]
cochon (m)	**siga**	[siga]
pourceau (m)	**põrsas**	[pɜrsas]
lapin (m)	**küülik**	[kʉ:lik]
poule (f)	**kana**	[kana]
coq (m)	**kukk**	[kukk]
canard (m)	**part**	[part]
canard (m) mâle	**sinikaelpart**	[sinikaelʲpart]
oie (f)	**hani**	[hani]
dindon (m)	**kalkun**	[kalʲkun]
dinde (f)	**kalkun**	[kalʲkun]
animaux (m pl) domestiques	**koduloomad**	[kodulo:mat]
apprivoisé (adj)	**kodustatud**	[kodusʲtatut]
apprivoiser (vt)	**taltsutama**	[talʲtsutama]
élever (vt)	**üles kasvatama**	[ʉles kasʋatama]
ferme (f)	**farm**	[farm]
volaille (f)	**kodulinnud**	[kodulinnut]
bétail (m)	**kariloomad**	[karilo:mat]
troupeau (m)	**kari**	[kari]
écurie (f)	**hobusetall**	[hobusetalʲ]
porcherie (f)	**sigala**	[sigala]
vacherie (f)	**lehmalaut**	[lehmalaut]
cabane (f) à lapins	**küülikukasvandus**	[kʉ:likukasʋandus]
poulailler (m)	**kanala**	[kanala]

90. Les oiseaux

oiseau (m)	lind	[lint]
pigeon (m)	tuvi	[tuʋi]
moineau (m)	varblane	[ʋarblane]
mésange (f)	tihane	[tihane]
pie (f)	harakas	[harakas]

corbeau (m)	ronk	[ronk]
corneille (f)	vares	[ʋares]
choucas (m)	hakk	[hakk]
freux (m)	künnivares	[künniʋares]

canard (m)	part	[part]
oie (f)	hani	[hani]
faisan (m)	faasan	[faːsan]

aigle (m)	kotkas	[kotkas]
épervier (m)	kull	[kulʲ]
faucon (m)	kotkas	[kotkas]
vautour (m)	raisakull	[raisakulʲ]
condor (m)	kondor	[kondor]

cygne (m)	luik	[luik]
grue (f)	kurg	[kurg]
cigogne (f)	toonekurg	[toːnekurg]

perroquet (m)	papagoi	[papagoj]
colibri (m)	koolibri	[koːlibri]
paon (m)	paabulind	[paːbulint]

autruche (f)	jaanalind	[jaːnalint]
héron (m)	haigur	[haigur]
flamant (m)	flamingo	[flamingo]
pélican (m)	pelikan	[pelikan]

rossignol (m)	ööbik	[øːbik]
hirondelle (f)	suitsupääsuke	[suitsupæːsuke]

merle (m)	rästas	[ræsʲtas]
grive (f)	laulurästas	[lauluræsʲtas]
merle (m) noir	musträstas	[musʲtræsʲtas]

martinet (m)	piiripääsuke	[piːripæːsuke]
alouette (f) des champs	lõoke	[lɔoke]
caille (f)	vutt	[ʋutt]

pivert (m)	rähn	[ræhn]
coucou (m)	kägu	[kægu]
chouette (f)	öökull	[øːkulʲ]
hibou (m)	kakk	[kakk]

tétras (m)	metsis	[metsis]
tétras-lyre (m)	teder	[teder]
perdrix (f)	põldpüü	[pɜlʲtpɵ:]

étourneau (m)	kuldnokk	[kulʲdnokk]
canari (m)	kanaarilind	[kana:rilint]
gélinotte (f) des bois	laanepüü	[la:nepɵ:]
pinson (m)	metsvint	[metsʋint]
bouvreuil (m)	leevike	[le:ʋike]

mouette (f)	kajakas	[kajakas]
albatros (m)	albatross	[alʲbatross]
pingouin (m)	pingviin	[pingʋi:n]

91. Les poissons. Les animaux marins

brème (f)	latikas	[latikas]
carpe (f)	karpkala	[karpkala]
perche (f)	ahven	[ahʋen]
silure (m)	säga	[sæga]
brochet (m)	haug	[haug]

| saumon (m) | lõhe | [lɜhe] |
| esturgeon (m) | tuurakala | [tu:rakala] |

hareng (m)	heeringas	[he:ringas]
saumon (m) atlantique	väärislõhe	[ʋæ:rislɜhe]
maquereau (m)	skumbria	[skumbria]
flet (m)	lest	[lesʲt]

sandre (f)	kohakala	[kohakala]
morue (f)	tursk	[tursk]
thon (m)	tuunikala	[tu:nikala]
truite (f)	forell	[forelʲ]

anguille (f)	angerjas	[angerjas]
torpille (f)	elektrirai	[elektrirai]
murène (f)	mureen	[mure:n]
piranha (m)	piraaja	[pira:ja]

requin (m)	haikala	[haikala]
dauphin (m)	delfiin	[delfi:n]
baleine (f)	vaal	[ʋa:lʲ]

crabe (m)	krabi	[krabi]
méduse (f)	meduus	[medu:s]
pieuvre (f), poulpe (m)	kaheksajalg	[kaheksajalʲg]

| étoile (f) de mer | meritäht | [meritæht] |
| oursin (m) | merisiil | [merisi:lʲ] |

hippocampe (m)	merihobuke	[merihobuke]
huître (f)	auster	[austˈer]
crevette (f)	krevett	[krevett]
homard (m)	homaar	[homaːr]
langoustine (f)	langust	[langusˈt]

92. Les amphibiens. Les reptiles

serpent (m)	uss	[uss]
venimeux (adj)	mürgine	[mʉrgine]
vipère (f)	rästik	[ræsˈtik]
cobra (m)	kobra	[kobra]
python (m)	püüton	[pʉːton]
boa (m)	boamadu	[boamadu]
couleuvre (f)	nastik	[nasˈtik]
serpent (m) à sonnettes	lõgismadu	[lɜgismadu]
anaconda (m)	anakonda	[anakonda]
lézard (m)	sisalik	[sisalik]
iguane (m)	iguaan	[iguaːn]
varan (m)	varaan	[ʋaraːn]
salamandre (f)	salamander	[salamander]
caméléon (m)	kameeleon	[kameːleon]
scorpion (m)	skorpion	[skorpion]
tortue (f)	kilpkonn	[kilˈpkonn]
grenouille (f)	konn	[konn]
crapaud (m)	kärnkonn	[kærnkonn]
crocodile (m)	krokodill	[krokodilˈ]

93. Les insectes

insecte (m)	putukas	[putukas]
papillon (m)	liblikas	[liblikas]
fourmi (f)	sipelgas	[sipelˈgas]
mouche (f)	kärbes	[kærbes]
moustique (m)	sääsk	[sæːsk]
scarabée (m)	sitikas	[sitikas]
guêpe (f)	herilane	[herilane]
abeille (f)	mesilane	[mesilane]
bourdon (m)	metsmesilane	[metsmesilane]
œstre (m)	kiin	[kiːn]
araignée (f)	ämblik	[æmblik]
toile (f) d'araignée	ämblikuvõrk	[æmblikuʋɜrk]

libellule (f)	**kiil**	[kiːlʲ]
sauterelle (f)	**rohutirts**	[rohutirts]
papillon (m)	**liblikas**	[liblikas]
cafard (m)	**tarakan**	[tarakan]
tique (f)	**puuk**	[puːk]
puce (f)	**kirp**	[kirp]
moucheron (m)	**kihulane**	[kihulane]
criquet (m)	**rändtirts**	[rændtirts]
escargot (m)	**tigu**	[tigu]
grillon (m)	**ritsikas**	[ritsikas]
luciole (f)	**jaaniuss**	[jaːniuss]
coccinelle (f)	**lepatriinu**	[lepatriːnu]
hanneton (m)	**maipõrnikas**	[maipɜrnikas]
sangsue (f)	**kaan**	[kaːn]
chenille (f)	**tõuk**	[tɜuk]
ver (m)	**vagel**	[ʋagelʲ]
larve (f)	**tõuk**	[tɜuk]

LA FLORE

T&P Books Publishing

arbre (m)	**puu**	[puː]
à feuilles caduques	**lehtpuu**	[lehtpuː]
conifère (adj)	**okaspuu**	[okaspuː]
à feuilles persistantes	**igihaljas**	[igihaljas]
pommier (m)	**õunapuu**	[ɜunapuː]
poirier (m)	**pirnipuu**	[pirnipuː]
merisier (m)	**murelipuu**	[murelipuː]
cerisier (m)	**kirsipuu**	[kirsipuː]
prunier (m)	**ploomipuu**	[ploːmipuː]
bouleau (m)	**kask**	[kask]
chêne (m)	**tamm**	[tamm]
tilleul (m)	**pärn**	[pærn]
tremble (m)	**haav**	[haːʊ]
érable (m)	**vaher**	[ʊaher]
épicéa (m)	**kuusk**	[kuːsk]
pin (m)	**mänd**	[mænt]
mélèze (m)	**lehis**	[lehis]
sapin (m)	**nulg**	[nulʲg]
cèdre (m)	**seeder**	[seːder]
peuplier (m)	**pappel**	[pappelʲ]
sorbier (m)	**pihlakas**	[pihlakas]
saule (m)	**paju**	[paju]
aune (m)	**lepp**	[lepp]
hêtre (m)	**pöök**	[pøːk]
orme (m)	**jalakas**	[jalakas]
frêne (m)	**saar**	[saːr]
marronnier (m)	**kastan**	[kasʲtan]
magnolia (m)	**magnoolia**	[magnoːlia]
palmier (m)	**palm**	[palʲm]
cyprès (m)	**küpress**	[kupress]
palétuvier (m)	**mangroovipuu**	[mangroːʊipuː]
baobab (m)	**ahvileivapuu**	[ahʊilejʊapuː]
eucalyptus (m)	**eukalüpt**	[eukalupt]
séquoia (m)	**sekvoia**	[sekʊoja]

95. Les arbustes

buisson (m)	**põõsas**	[pɜ:sas]
arbrisseau (m)	**põõsastik**	[pɜ:sasʲtik]
vigne (f)	**viinamarjad**	[ʋi:namarjat]
vigne (f) (vignoble)	**viinamarjaistandus**	[ʋi:namarjaisʲtandus]
framboise (f)	**vaarikas**	[ʋa:rikas]
cassis (m)	**mustsõstra põõsas**	[musʲt sɜsʲtra pɜ:sas]
groseille (f) rouge	**punane sõstar põõsas**	[punane sɜsʲtar pɜ:sas]
groseille (f) verte	**karusmari**	[karusmari]
acacia (m)	**akaatsia**	[aka:tsia]
berbéris (m)	**kukerpuu**	[kukerpu:]
jasmin (m)	**jasmiin**	[jasmi:n]
genévrier (m)	**kadakas**	[kadakas]
rosier (m)	**roosipõõsas**	[ro:sipɜ:sas]
églantier (m)	**kibuvits**	[kibuʋits]

96. Les fruits. Les baies

fruit (m)	**puuvili**	[pu:ʋili]
fruits (m pl)	**puuviljad**	[pu:ʋiljat]
pomme (f)	**õun**	[ɜun]
poire (f)	**pirn**	[pirn]
prune (f)	**ploom**	[plo:m]
fraise (f)	**aedmaasikas**	[aedma:sikas]
cerise (f)	**kirss**	[kirss]
merise (f)	**murel**	[murelʲ]
raisin (m)	**viinamarjad**	[ʋi:namarjat]
framboise (f)	**vaarikas**	[ʋa:rikas]
cassis (m)	**must sõstar**	[musʲt sɜsʲtar]
groseille (f) rouge	**punane sõstar**	[punane sɜsʲtar]
groseille (f) verte	**karusmari**	[karusmari]
canneberge (f)	**jõhvikas**	[jɜhʋikas]
orange (f)	**apelsin**	[apelʲsin]
mandarine (f)	**mandariin**	[mandari:n]
ananas (m)	**ananass**	[ananass]
banane (f)	**banaan**	[bana:n]
datte (f)	**dattel**	[dattelʲ]
citron (m)	**sidrun**	[sidrun]
abricot (m)	**aprikoos**	[apriko:s]
pêche (f)	**virsik**	[ʋirsik]

kiwi (m)	**kiivi**	[ki:ʋi]
pamplemousse (m)	**greip**	[grejp]
baie (f)	**mari**	[mari]
baies (f pl)	**marjad**	[marjat]
airelle (f) rouge	**pohlad**	[pohlat]
fraise (f) des bois	**maasikas**	[ma:sikas]
myrtille (f)	**mustikas**	[musʲtikas]

97. Les fleurs. Les plantes

fleur (f)	**lill**	[lilʲ]
bouquet (m)	**lillekimp**	[lilʲekimp]
rose (f)	**roos**	[ro:s]
tulipe (f)	**tulp**	[tulʲp]
oeillet (m)	**nelk**	[nelʲk]
glaïeul (m)	**gladiool**	[gladio:lʲ]
bleuet (m)	**rukkilill**	[rukkililʲ]
campanule (f)	**kellukas**	[kelʲukas]
dent-de-lion (f)	**võilill**	[ʋɜililʲ]
marguerite (f)	**karikakar**	[karikakar]
aloès (m)	**aaloe**	[a:loe]
cactus (m)	**kaktus**	[kaktus]
ficus (m)	**kummipuu**	[kummipu:]
lis (m)	**liilia**	[li:lia]
géranium (m)	**geraanium**	[gera:nium]
jacinthe (f)	**hüatsint**	[hʉatsint]
mimosa (m)	**mimoos**	[mimo:s]
jonquille (f)	**nartsiss**	[nartsiss]
capucine (f)	**kress**	[kress]
orchidée (f)	**orhidee**	[orhide:]
pivoine (f)	**pojeng**	[pojeng]
violette (f)	**kannike**	[kannike]
pensée (f)	**võõrasemad**	[ʋɜ:rasemat]
myosotis (m)	**meelespea**	[me:lespea]
pâquerette (f)	**margareeta**	[margare:ta]
coquelicot (m)	**moon**	[mo:n]
chanvre (m)	**kanep**	[kanep]
menthe (f)	**piparmünt**	[piparmʉnt]
muguet (m)	**maikelluke**	[maikelʲuke]
perce-neige (f)	**lumikelluke**	[lumikelʲuke]

ortie (f)	**nõges**	[nɜges]
oseille (f)	**hapuoblikas**	[hapuoblikas]
nénuphar (m)	**vesiroos**	[ʋesiroːs]
fougère (f)	**sõnajalg**	[sɜnajalʲg]
lichen (m)	**samblik**	[samblik]
serre (f) tropicale	**kasvuhoone**	[kasʋuhoːne]
gazon (m)	**muru**	[muru]
parterre (m) de fleurs	**lillepeenar**	[lilʲepeːnar]
plante (f)	**taim**	[taim]
herbe (f)	**rohi**	[rohi]
brin (m) d'herbe	**rohulible**	[rohulible]
feuille (f)	**leht**	[leht]
pétale (m)	**õieleht**	[ɜieleht]
tige (f)	**vars**	[ʋars]
tubercule (m)	**sibul**	[sibulʲ]
pousse (f)	**idu**	[idu]
épine (f)	**okas**	[okas]
fleurir (vi)	**õitsema**	[ɜitsema]
se faner (vp)	**närtsima**	[nærtsima]
odeur (f)	**lõhn**	[lɜhn]
couper (vt)	**lõikama**	[lɜikama]
cueillir (fleurs)	**murdma**	[murdma]

98. Les céréales

grains (m pl)	**vili**	[ʋili]
céréales (f pl) (plantes)	**teraviljad**	[teraʋiljat]
épi (m)	**kõrs**	[kɜrs]
blé (m)	**nisu**	[nisu]
seigle (m)	**rukis**	[rukis]
avoine (f)	**kaer**	[kaer]
millet (m)	**hirss**	[hirss]
orge (f)	**oder**	[oder]
maïs (m)	**mais**	[mais]
riz (m)	**riis**	[riːs]
sarrasin (m)	**tatar**	[tatar]
pois (m)	**hernes**	[hernes]
haricot (m)	**aedoad**	[aedoat]
soja (m)	**soja**	[soja]
lentille (f)	**lääts**	[lʲæːts]
fèves (f pl)	**põldoad**	[pɜlʲdoat]

LES PAYS DU MONDE

T&P Books Publishing

Afghanistan (m)	**Afganistan**	[afganis'tan]
Albanie (f)	**Albaania**	[al'ba:nia]
Allemagne (f)	**Saksamaa**	[saksama:]
Angleterre (f)	**Inglismaa**	[inglisma:]
Arabie (f) Saoudite	**Saudi Araabia**	[saudi ara:bia]
Argentine (f)	**Argentiina**	[argenti:na]
Arménie (f)	**Armeenia**	[arme:nia]
Australie (f)	**Austraalia**	[aus'tra:lia]
Autriche (f)	**Austria**	[aus'tria]
Azerbaïdjan (m)	**Aserbaidžaan**	[aserbaidʒa:n]
Bahamas (f pl)	**Bahama saared**	[bahama sa:ret]
Bangladesh (m)	**Bangladesh**	[bangladesh]
Belgique (f)	**Belgia**	[bel'gia]
Biélorussie (f)	**Valgevenemaa**	[ʋal'geʋenema:]
Bolivie (f)	**Boliivia**	[boli:ʋia]
Bosnie (f)	**Bosnia ja Hertsegoviina**	[bosnia ja hertsegoʋi:na]
Brésil (m)	**Brasiilia**	[brasi:lia]
Bulgarie (f)	**Bulgaaria**	[bul'ga:ria]
Cambodge (m)	**Kambodža**	[kambodʒa]
Canada (m)	**Kanada**	[kanada]
Chili (m)	**Tšiili**	[tʃi:li]
Chine (f)	**Hiina**	[hi:na]
Chypre (m)	**Küpros**	[kʉpros]
Colombie (f)	**Kolumbia**	[kolumbia]
Corée (f) du Nord	**Põhja-Korea**	[pɜhja-korea]
Corée (f) du Sud	**Lõuna-Korea**	[lɜuna-korea]
Croatie (f)	**Kroaatia**	[kroa:tia]
Cuba (f)	**Kuuba**	[ku:ba]
Danemark (m)	**Taani**	[ta:ni]
Écosse (f)	**Šotimaa**	[ʃotima:]
Égypte (f)	**Egiptus**	[egiptus]
Équateur (m)	**Ecuador**	[ekuador]
Espagne (f)	**Hispaania**	[hispa:nia]
Estonie (f)	**Eesti**	[e:s'ti]
Les États Unis	**Ameerika Ühendriigid**	[ame:rika ʉhendri:git]
Fédération (f) des Émirats Arabes Unis	**Araabia Ühendemiraadid**	[ara:bia ʉhendemira:dit]
Finlande (f)	**Soome**	[so:me]
France (f)	**Prantsusmaa**	[prantsusma:]
Géorgie (f)	**Gruusia**	[gru:sia]
Ghana (m)	**Gaana**	[ga:na]

| Grande-Bretagne (f) | Suurbritannia | [su:rbritannia] |
| Grèce (f) | Kreeka | [kre:ka] |

100. Les pays du monde. Partie 2

| Haïti (m) | Haiiti | [hai:ti] |
| Hongrie (f) | Ungari | [ungari] |

Inde (f)	India	[india]
Indonésie (f)	Indoneesia	[indone:sia]
Iran (m)	Iraan	[ira:n]
Iraq (m)	Iraak	[ira:k]
Irlande (f)	Iirimaa	[i:rima:]
Islande (f)	Island	[islant]
Israël (m)	Iisrael	[i:srael ʲ]
Italie (f)	Itaalia	[ita:lia]

Jamaïque (f)	Jamaika	[jamaika]
Japon (m)	Jaapan	[ja:pan]
Jordanie (f)	Jordaania	[jorda:nia]
Kazakhstan (m)	Kasahstan	[kasahsʲtan]
Kenya (m)	Keenia	[ke:nia]
Kirghizistan (m)	Kõrgõzstan	[kɜrgɜsʲtan]
Koweït (m)	Kuveit	[kuʋejt]

Laos (m)	Laos	[laos]
Lettonie (f)	Läti	[lʲæti]
Liban (m)	Liibanon	[li:banon]
Libye (f)	Liibüa	[li:bʉa]
Liechtenstein (m)	Liechtenstein	[lihtenʃtejn]
Lituanie (f)	Leedu	[le:du]
Luxembourg (m)	Luxembourg	[luksembourg]

Macédoine (f)	Makedoonia	[makedo:nia]
Madagascar (f)	Madagaskar	[madagaskar]
Malaisie (f)	Malaisia	[malaisia]
Malte (f)	Malta	[malʲta]
Maroc (m)	Maroko	[maroko]
Mexique (m)	Mehhiko	[mehhiko]
Moldavie (f)	Moldova	[molʲdoʋa]

Monaco (m)	Monaco	[monako]
Mongolie (f)	Mongoolia	[mongo:lia]
Monténégro (m)	Montenegro	[montenegro]
Myanmar (m)	Mjanma	[mjanma]
Namibie (f)	Namiibia	[nami:bia]
Népal (m)	Nepal	[nepalʲ]
Norvège (f)	Norra	[norra]
Nouvelle Zélande (f)	Uus Meremaa	[u:s merema:]
Ouzbékistan (m)	Usbekistan	[usbekisʲtan]

101. Les pays du monde. Partie 3

Pakistan (m)	Pakistan	[pakisⁱtan]
Palestine (f)	Palestiina autonoomia	[palesⁱti:na autono:mia]
Panamá (m)	Panama	[panama]
Paraguay (m)	Paraguai	[paraguai]
Pays-Bas (m)	Madalmaad	[madalⁱma:t]

Pérou (m)	Peruu	[peru:]
Pologne (f)	Poola	[po:la]
Polynésie (f) Française	Prantsuse Polüneesia	[prantsuse polʉne:sia]
Portugal (m)	Portugal	[portugalʲ]

République (f) Dominicaine	Dominikaani Vabariik	[dominika:ni ʋabari:k]
République (f) Sud-africaine	Lõuna-Aafrika Vabariik	[lɜuna-a:frika ʋabari:k]
République (f) Tchèque	Tšehhia	[tʃehhia]
Roumanie (f)	Rumeenia	[rume:nia]
Russie (f)	Venemaa	[ʋenema:]

Sénégal (m)	Senegal	[senegalʲ]
Serbie (f)	Serbia	[serbia]
Slovaquie (f)	Slovakkia	[sloʋakkia]
Slovénie (f)	Sloveenia	[sloʋe:nia]
Suède (f)	Rootsi	[ro:tsi]
Suisse (f)	Šveits	[ʃʋejts]
Surinam (m)	Suriname	[suriname]
Syrie (f)	Süüria	[sʉ:ria]

Tadjikistan (m)	Tadžikistan	[tadʒikisⁱtan]
Taïwan (m)	Taivan	[taiʋan]
Tanzanie (f)	Tansaania	[tansa:nia]
Tasmanie (f)	Tasmaania	[tasma:nia]
Thaïlande (f)	Tai	[tai]
Tunisie (f)	Tuneesia	[tune:sia]
Turkménistan (m)	Türkmenistan	[tʉrkmenisⁱtan]
Turquie (f)	Türgi	[tʉrgi]

Ukraine (f)	Ukraina	[ukraina]
Uruguay (m)	Uruguai	[uruguai]
Vatican (m)	Vatikan	[ʋatikan]
Venezuela (f)	Venetsueela	[ʋenetsue:la]
Vietnam (m)	Vietnam	[ʋietnam]
Zanzibar (m)	Sansibar	[sansibar]

T&P BOOKS

GLOSSAIRE
GASTRONOMIQUE

Cette section contient
beaucoup de mots associés
à la nourriture. Ce dictionnaire
vous facilitera la tâche
de comprendre le menu
et de commander le bon plat
au restaurant

T&P Books Publishing

épi (m)	kõrs	[kɜrs]
épice (f)	vürts	[ʊrts]
épinard (m)	spinat	[spinat]
œuf (m)	muna	[muna]
abricot (m)	aprikoos	[apriko:s]
addition (f)	arve	[arʊe]
ail (m)	küüslauk	[kʉ:slauk]
airelle (f) rouge	pohlad	[pohlat]
amande (f)	mandlipähkel	[mantlipæhkelʲ]
amanite (f) tue-mouches	kärbseseen	[kærbsese:n]
amer (adj)	mõru	[mɜru]
ananas (m)	ananass	[ananass]
anguille (f)	angerjas	[angerjas]
anis (m)	aniis	[ani:s]
apéritif (m)	aperitiiv	[aperiti:ʊ]
appétit (m)	söögiisu	[sø:gi:su]
arrière-goût (m)	kõrvalmaitse	[kɜrʊalʲmaitse]
artichaut (m)	artišokk	[artiʃokk]
asperge (f)	aspar	[aspar]
assiette (f)	taldrik	[talʲdrik]
aubergine (f)	baklažaan	[baklaʒa:n]
avec de la glace	jääga	[jæ:ga]
avocat (m)	avokaado	[aʊoka:do]
avoine (f)	kaer	[kaer]
bacon (m)	peekon	[pe:kon]
baie (f)	mari	[mari]
baies (f pl)	marjad	[marjat]
banane (f)	banaan	[bana:n]
bar (m)	baar	[ba:r]
barman (m)	baarimees	[ba:rime:s]
basilic (m)	basiilik	[basi:lik]
betterave (f)	peet	[pe:t]
beurre (m)	või	[ʊɜi]
bière (f)	õlu	[ɜlu]
bière (f) blonde	hele õlu	[hele ɜlu]
bière (f) brune	tume õlu	[tume ɜlu]
biscuit (m)	küpsis	[kʉpsis]
blé (m)	nisu	[nisu]
blanc (m) d'œuf	munavalge	[munaʊalʲge]
boisson (f) non alcoolisée	alkoholivaba jook	[alʲkoholiʊaba jo:k]
boissons (f pl) alcoolisées	alkoholsed joogid	[alʲkoho:lʲset jo:git]
bolet (m) bai	kasepuravik	[kasepuraʊik]

bolet (m) orangé	haavapuravik	[haːʋapuraʋik]
bon (adj)	maitsev	[maitseʋ]
Bon appétit!	Head isu!	[heat isu!]
bonbon (m)	komm	[komm]
bouillie (f)	puder	[puder]
bouillon (m)	puljong	[puljong]
brème (f)	latikas	[latikas]
brochet (m)	haug	[haug]
brocoli (m)	brokkoli	[brokkoli]
cèpe (m)	kivipuravik	[kiʋipuraʋik]
céleri (m)	seller	[selʲer]
céréales (f pl)	teraviljad	[teraʋiljat]
cacahuète (f)	maapähkel	[maːpæhkelʲ]
café (m)	kohv	[kohʋ]
café (m) au lait	piimaga kohv	[piːmaga kohʋ]
café (m) noir	must kohv	[musʲt kohʋ]
café (m) soluble	lahustuv kohv	[lahusʲtuʋ kohʋ]
calamar (m)	kalmaar	[kalʲmaːr]
calorie (f)	kalor	[kalor]
canard (m)	part	[part]
canneberge (f)	jõhvikas	[jɜhʋikas]
cannelle (f)	kaneel	[kaneːlʲ]
cappuccino (m)	koorega kohv	[koːrega kohʋ]
carotte (f)	porgand	[porgant]
carpe (f)	karpkala	[karpkala]
carte (f)	menüü	[menʉː]
carte (f) des vins	veinikaart	[ʋejnikaːrt]
cassis (m)	must sõstar	[musʲt sɜsʲtar]
caviar (m)	kalamari	[kalamari]
cerise (f)	kirss	[kirss]
champagne (m)	šampus	[ʃampus]
champignon (m)	seen	[seːn]
champignon (m) comestible	söödav seen	[søːdaʋ seːn]
champignon (m) vénéneux	mürgine seen	[mʉrgine seːn]
chaud (adj)	kuum	[kuːm]
chocolat (m)	šokolaad	[ʃokolaːt]
chou (m)	kapsas	[kapsas]
chou (m) de Bruxelles	brüsseli kapsas	[brʉsseli kapsas]
chou-fleur (m)	lillkapsas	[lilʲkapsas]
citron (m)	sidrun	[sidrun]
clou (m) de girofle	nelk	[nelʲk]
cocktail (m)	kokteil	[koktejlʲ]
cocktail (m) au lait	piimakokteil	[piːmakoktejlʲ]
cognac (m)	konjak	[konjak]
concombre (m)	kurk	[kurk]
condiment (m)	maitseaine	[maitseaine]
confiserie (f)	kondiitritooted	[kondiːtrito:tet]
confiture (f)	džemm	[dʒemm]
confiture (f)	moos	[moːs]
congelé (adj)	külmutatud	[kʉlʲmutatut]

conserves (f pl)	konservid	[konserʋit]
coriandre (m)	koriander	[koriander]
courgette (f)	suvikõrvits	[suʋikɜrʋits]
couteau (m)	nuga	[nuga]
crème (f)	koor	[ko:r]
crème (f) aigre	hapukoor	[hapuko:r]
crème (f) au beurre	kreem	[kre:m]
crabe (m)	krabi	[krabi]
crevette (f)	krevett	[kreʋett]
crustacés (m pl)	koorikloomad	[ko:riklo:mat]
cuillère (f)	lusikas	[lusikas]
cuillère (f) à soupe	supilusikas	[supilusikas]
cuisine (f)	köök	[kø:k]
cuisse (f)	sink	[sink]
cuit à l'eau (adj)	keedetud	[ke:detut]
cumin (m)	köömned	[kø:mnet]
cure-dent (m)	hambaork	[hambaork]
déjeuner (m)	lõuna	[lɜuna]
dîner (m)	õhtusöök	[ɜhtusø:k]
datte (f)	dattel	[dattelʲ]
dessert (m)	magustoit	[magusʲtojt]
dinde (f)	kalkun	[kalʲkun]
du bœuf	loomaliha	[lo:maliha]
du mouton	lambaliha	[lambaliha]
du porc	sealiha	[sealiha]
du veau	vasikaliha	[ʋasikaliha]
eau (f)	vesi	[ʋesi]
eau (f) minérale	mineraalvesi	[minera:lʲʋesi]
eau (f) potable	joogivesi	[jo:giʋesi]
en chocolat (adj)	šokolaadi-	[ʃokola:di-]
esturgeon (m)	tuurakala	[tu:rakala]
fèves (f pl)	oad	[oat]
farce (f)	hakkliha	[hakkliha]
farine (f)	jahu	[jahu]
fenouil (m)	till	[tilʲlʲ]
feuille (f) de laurier	loorber	[lo:rber]
figue (f)	ingver	[ingʋer]
flétan (m)	paltus	[palʲtus]
flet (m)	lest	[lesʲt]
foie (m)	maks	[maks]
fourchette (f)	kahvel	[kahʋelʲ]
fraise (f)	aedmaasikas	[aedma:sikas]
fraise (f) des bois	maasikas	[ma:sikas]
framboise (f)	vaarikas	[ʋa:rikas]
frit (adj)	praetud	[praetut]
froid (adj)	külm	[kʉlʲm]
fromage (m)	juust	[ju:sʲt]
fruit (m)	puuvili	[pu:ʋili]
fruits (m pl)	puuviljad	[pu:ʋiljat]
fruits (m pl) de mer	mereannid	[mereannit]
fumé (adj)	suitsutatud	[suitsutatut]
gâteau (m)	kook	[ko:k]

gâteau (m)	pirukas	[pirukas]
garniture (f)	täidis	[tæjdis]
garniture (f)	lisand	[lisant]
gaufre (f)	vahvlid	[vahʊlit]
gazeuse (adj)	gaseeritud	[gase:ritut]
gibier (m)	metslinnud	[metslinnut]
gin (m)	džinn	[dʒinn]
gingembre (m)	ingver	[inguer]
girolle (f)	kukeseen	[kukese:n]
glace (f)	jää	[jæ:]
glace (f)	jäätis	[jæ:tis]
glucides (m pl)	süsivesikud	[sʉsiʊesikut]
goût (m)	maitse	[maitse]
gomme (f) à mâcher	närimiskumm	[nærimiskumm]
grains (m pl)	vili	[ʊili]
grenade (f)	granaatõun	[grana:tʒun]
groseille (f) rouge	punane sõstar	[punane sʒsʲtar]
groseille (f) verte	karusmari	[karusmari]
gruau (m)	tangud	[tangut]
hamburger (m)	hamburger	[hamburger]
hareng (m)	heeringas	[he:ringas]
haricot (m)	aedoad	[aedoat]
hors-d'œuvre (m)	suupiste	[su:pisʲte]
huître (f)	auster	[ausʲter]
huile (f) d'olive	oliivõli	[oli:ʊʒli]
huile (f) de tournesol	päevalilleõli	[pæeʊalilʲeʒli]
huile (f) végétale	taimeõli	[taimeʒli]
jambon (m)	sink	[sink]
jaune (m) d'œuf	munakollane	[munakolʲæne]
jus (m)	mahl	[mahlʲ]
jus (m) d'orange	apelsinimahl	[apelʲsinimahlʲ]
jus (m) de tomate	tomatimahl	[tomatimahlʲ]
jus (m) pressé	värskelt pressitud mahl	[ʊærskelʲt pressitut mahlʲ]
kiwi (m)	kiivi	[ki:ʊi]
légumes (m pl)	juurviljad	[ju:rʊiljat]
lait (m)	piim	[pi:m]
lait (m) condensé	kondenspiim	[kondenspi:m]
laitue (f), salade (f)	salat	[salat]
langoustine (f)	langust	[langusʲt]
langue (f)	keel	[ke:lʲ]
lapin (m)	küülik	[kʉ:lik]
lentille (f)	lääts	[lʲæ:ts]
les œufs	munad	[munat]
les œufs brouillés	munaroog	[munaro:g]
limonade (f)	limonaad	[limona:t]
lipides (m pl)	rasvad	[rasʊat]
liqueur (f)	liköör	[likø:r]
mûre (f)	põldmari	[pʒlʲdmari]
maïs (m)	mais	[mais]
maïs (m)	mais	[mais]
mandarine (f)	mandariin	[mandari:n]
mangue (f)	mango	[mango]

maquereau (m)	skumbria	[skumbria]
margarine (f)	margariin	[margari:n]
mariné (adj)	marineeritud	[marine:ritut]
marmelade (f)	marmelaad	[marmela:t]
melon (m)	melon	[melon]
merise (f)	murel	[murelʲ]
miel (m)	mesi	[mesi]
miette (f)	puru	[puru]
millet (m)	hirss	[hirss]
morceau (m)	tükk	[tʉkk]
morille (f)	mürkel	[mʉrkelʲ]
morue (f)	tursk	[tursk]
moutarde (f)	sinep	[sinep]
myrtille (f)	mustikas	[musʲtikas]
navet (m)	naeris	[naeris]
noisette (f)	sarapuupähkel	[sarapu:pæhkelʲ]
noix (f)	kreeka pähkel	[kre:ka pæhkelʲ]
noix (f) de coco	kookospähkel	[ko:kospæhkelʲ]
nouilles (f pl)	lintnuudlid	[lintnu:tlit]
nourriture (f)	söök	[sø:k]
oie (f)	hani	[hani]
oignon (m)	sibul	[sibulʲ]
olives (f pl)	oliivid	[oli:ʋit]
omelette (f)	omlett	[omlett]
orange (f)	apelsin	[apelʲsin]
orge (f)	oder	[oder]
oronge (f) verte	sitaseen	[sitase:n]
ouvre-boîte (m)	konserviavaja	[konserʋiaʋaja]
ouvre-bouteille (m)	pudeliavaja	[pudeliaʋaja]
pâté (m)	pasteet	[pasʲte:t]
pâtes (m pl)	makaronid	[makaronit]
pétales (m pl) de maïs	maisihelbed	[maisihelʲbet]
pétillante (adj)	gaasiga	[ga:siga]
pêche (f)	virsik	[ʋirsik]
pain (m)	leib	[lejb]
pamplemousse (m)	greip	[grejp]
papaye (f)	papaia	[papaia]
paprika (m)	paprika	[paprika]
pastèque (f)	arbuus	[arbu:s]
peau (f)	koor	[ko:r]
perche (f)	ahven	[ahʋen]
persil (m)	petersell	[peterselʲ]
petit déjeuner (m)	hommikusöök	[hommikusø:k]
petite cuillère (f)	teelusikas	[te:lusikas]
pistaches (f pl)	pistaatsiapähkel	[pisʲta:tsiapæhkelʲ]
pizza (f)	pitsa	[pitsa]
plat (m)	roog	[ro:g]
plate (adj)	gaasita	[ga:sita]
poire (f)	pirn	[pirn]
pois (m)	hernes	[hernes]
poisson (m)	kala	[kala]
poivre (m) noir	must pipar	[musʲt pipar]

poivre (m) rouge	punane pipar	[punane pipar]
poivron (m)	pipar	[pipar]
pomme (f)	õun	[ɜun]
pomme (f) de terre	kartul	[kartulʲ]
portion (f)	portsjon	[portsjon]
potiron (m)	kõrvits	[kɜrʋits]
poulet (m)	kana	[kana]
pourboire (m)	jootraha	[jo:traha]
protéines (f pl)	valgud	[ʋalʲgut]
prune (f)	ploom	[plo:m]
purée (f)	kartulipüree	[kartulipʉre:]
régime (m)	dieet	[die:t]
radis (m)	redis	[redis]
rafraîchissement (m)	karastusjook	[karasʲtusjo:k]
raifort (m)	mädarõigas	[mædarɜigas]
raisin (m)	viinamarjad	[ʋi:namarjat]
raisin (m) sec	rosinad	[rosinat]
recette (f)	retsept	[retsept]
requin (m)	haikala	[haikala]
rhum (m)	rumm	[rumm]
riz (m)	riis	[ri:s]
russule (f)	pilvik	[pilʲʋik]
sésame (m)	seesamiseemned	[se:samise:mnet]
safran (m)	safran	[safran]
salé (adj)	soolane	[so:lane]
salade (f)	salat	[salat]
sandre (f)	kohakala	[kohakala]
sandwich (m)	võileib	[ʋɜjlejb]
sans alcool	alkoholivaba	[alʲkoholiʋaba]
sardine (f)	sardiin	[sardi:n]
sarrasin (m)	tatar	[tatar]
sauce (f)	kaste	[kasʲte]
sauce (f) mayonnaise	majonees	[majone:s]
saucisse (f)	viiner	[ʋi:ner]
saucisson (m)	vorst	[ʋorsʲt]
saumon (m)	lõhe	[lɜhe]
saumon (m) atlantique	väärislõhe	[ʋæ:rislɜhe]
sec (adj)	kuivatatud	[kuiʋatatut]
seigle (m)	rukis	[rukis]
sel (m)	sool	[so:lʲ]
serveur (m)	kelner	[kelʲner]
serveuse (f)	ettekandja	[ettekandja]
silure (m)	säga	[sæga]
soja (m)	soja	[soja]
soucoupe (f)	alustass	[alusʲtass]
soupe (f)	supp	[supp]
spaghettis (m pl)	spagetid	[spagetit]
steak (m)	biifsteek	[bi:fsʲte:k]
sucré (adj)	magus	[magus]
sucre (m)	suhkur	[suhkur]
tarte (f)	tort	[tort]
tasse (f)	tass	[tass]

thé (m)	tee	[te:]
thé (m) noir	must tee	[musʲt te:]
thé (m) vert	roheline tee	[roheline te:]
thon (m)	tuunikala	[tu:nikala]
tire-bouchon (m)	korgitser	[korgitser]
tomate (f)	tomat	[tomat]
tranche (f)	viil	[ʋi:lʲ]
truite (f)	forell	[forelʲ]
végétarien (adj)	taimetoitluslik	[taimetojtluslik]
végétarien (m)	taimetoitlane	[taimetojtlane]
verdure (f)	maitseroheline	[maitseroheline]
vermouth (m)	vermut	[ʋermut]
verre (m)	klaas	[kla:s]
verre (m) à vin	veiniklaas	[ʋejnikla:s]
viande (f)	liha	[liha]
vin (m)	vein	[ʋejn]
vin (m) blanc	valge vein	[ʋalʲge ʋejn]
vin (m) rouge	punane vein	[punane ʋejn]
vinaigre (m)	äädikas	[æ:dikas]
vitamine (f)	vitamiin	[ʋitami:n]
vodka (f)	viin	[ʋi:n]
whisky (m)	viski	[ʋiski]
yogourt (m)	jogurt	[jogurt]

Estonien-Français glossaire gastronomique

äädikas	[æ:dikas]	vinaigre (m)
õhtusöök	[ɜhtusø:k]	dîner (m)
õlu	[ɜlu]	bière (f)
õun	[ɜun]	pomme (f)
šampus	[ʃampus]	champagne (m)
šokolaad	[ʃokola:t]	chocolat (m)
šokolaadi-	[ʃokola:di-]	en chocolat (adj)
aedmaasikas	[aedma:sikas]	fraise (f)
aedoad	[aedoat]	haricot (m)
ahven	[ahʋen]	perche (f)
alkoholivaba	[alʲkoholiʋaba]	sans alcool
alkoholivaba jook	[alʲkoholiʋaba jo:k]	boisson (f) non alcoolisée
alkoholsed joogid	[alʲkoho:lʲset jo:git]	boissons (f pl) alcoolisées
alustass	[alusʲtass]	soucoupe (f)
ananass	[ananass]	ananas (m)
angerjas	[angerjas]	anguille (f)
aniis	[ani:s]	anis (m)
apelsin	[apelʲsin]	orange (f)
apelsinimahl	[apelʲsinimahlʲ]	jus (m) d'orange
aperitiiv	[aperiti:ʋ]	apéritif (m)
aprikoos	[apriko:s]	abricot (m)
arbuus	[arbu:s]	pastèque (f)
artišokk	[artiʃokk]	artichaut (m)
arve	[arʋe]	addition (f)
aspar	[aspar]	asperge (f)
auster	[ausʲter]	huître (f)
avokaado	[aʋoka:do]	avocat (m)
baar	[ba:r]	bar (m)
baarimees	[ba:rime:s]	barman (m)
baklažaan	[baklaʒa:n]	aubergine (f)
banaan	[bana:n]	banane (f)
basiilik	[basi:lik]	basilic (m)
biifsteek	[bi:fsʲte:k]	steak (m)
brüsseli kapsas	[brüsseli kapsas]	chou (m) de Bruxelles
brokkoli	[brokkoli]	brocoli (m)
džemm	[dʒemm]	confiture (f)
džinn	[dʒinn]	gin (m)
dattel	[dattelʲ]	datte (f)
dieet	[die:t]	régime (m)
ettekandja	[ettekandja]	serveuse (f)
forell	[forelʲ]	truite (f)
gaasiga	[ga:siga]	pétillante (adj)

gaasita	[ga:sita]	plate (adj)
gaseeritud	[gase:ritut]	gazeuse (adj)
granaatõun	[grana:tɜun]	grenade (f)
greip	[grejp]	pamplemousse (m)
haavapuravik	[ha:ʋapuraʋik]	bolet (m) orangé
haikala	[haikala]	requin (m)
hakkliha	[hakkliha]	farce (f)
hambaork	[hambaork]	cure-dent (m)
hamburger	[hamburger]	hamburger (m)
hani	[hani]	oie (f)
hapukoor	[hapuko:r]	crème (f) aigre
haug	[haug]	brochet (m)
Head isu!	[heat isu!]	Bon appétit!
heeringas	[he:ringas]	hareng (m)
hele õlu	[hele ɜlu]	bière (f) blonde
hernes	[hernes]	pois (m)
hirss	[hirss]	millet (m)
hommikusöök	[hommikusø:k]	petit déjeuner (m)
ingver	[inguer]	figue (f)
ingver	[inguer]	gingembre (m)
jää	[jæ:]	glace (f)
jääga	[jæ:ga]	avec de la glace
jäätis	[jæ:tis]	glace (f)
jõhvikas	[jɜhʋikas]	canneberge (f)
jahu	[jahu]	farine (f)
jogurt	[jogurt]	yogourt (m)
joogivesi	[jo:giʋesi]	eau (f) potable
jootraha	[jo:traha]	pourboire (m)
juurviljad	[ju:rʋiljat]	légumes (m pl)
juust	[ju:sʲt]	fromage (m)
kärbseseen	[kærbsese:n]	amanite (f) tue-mouches
kõrs	[kɜrs]	épi (m)
kõrvalmaitse	[kɜrʋalʲmaitse]	arrière-goût (m)
kõrvits	[kɜrʋits]	potiron (m)
köök	[kø:k]	cuisine (f)
köömned	[kø:mnet]	cumin (m)
küülik	[kʉ:lik]	lapin (m)
küüslauk	[kʉ:slauk]	ail (m)
külm	[kʉlʲm]	froid (adj)
külmutatud	[kʉlʲmutatut]	congelé (adj)
küpsis	[kʉpsis]	biscuit (m)
kaer	[kaer]	avoine (f)
kahvel	[kahʋelʲ]	fourchette (f)
kala	[kala]	poisson (m)
kalamari	[kalamari]	caviar (m)
kalkun	[kalʲkun]	dinde (f)
kalmaar	[kalʲma:r]	calamar (m)
kalor	[kalor]	calorie (f)
kana	[kana]	poulet (m)
kaneel	[kane:lʲ]	cannelle (f)
kapsas	[kapsas]	chou (m)
karastusjook	[karasʲtusjo:k]	rafraîchissement (m)

karpkala	[karpkala]	carpe (f)
kartul	[kartulʲ]	pomme (f) de terre
kartulipüree	[kartulipʉre:]	purée (f)
karusmari	[karusmari]	groseille (f) verte
kasepuravik	[kasepuraʋik]	bolet (m) bai
kaste	[kasʲte]	sauce (f)
keedetud	[ke:detut]	cuit à l'eau (adj)
keel	[ke:lʲ]	langue (f)
kelner	[kelʲner]	serveur (m)
kiivi	[ki:ʋi]	kiwi (m)
kirss	[kirss]	cerise (f)
kivipuravik	[kiʋipuraʋik]	cèpe (m)
klaas	[kla:s]	verre (m)
kohakala	[kohakala]	sandre (f)
kohv	[kohʋ]	café (m)
kokteil	[koktejlʲ]	cocktail (m)
komm	[komm]	bonbon (m)
kondenspiim	[kondenspi:m]	lait (m) condensé
kondiitritooted	[kondi:trito:tet]	confiserie (f)
konjak	[konjak]	cognac (m)
konserviavaja	[konserʋiaʋaja]	ouvre-boîte (m)
konservid	[konserʋit]	conserves (f pl)
kook	[ko:k]	gâteau (m)
kookospähkel	[ko:kospæhkelʲ]	noix (f) de coco
koor	[ko:r]	crème (f)
koor	[ko:r]	peau (f)
koorega kohv	[ko:rega kohʋ]	cappuccino (m)
koorikloomad	[ko:riklo:mat]	crustacés (m pl)
korgitser	[korgitser]	tire-bouchon (m)
koriander	[koriander]	coriandre (m)
krabi	[krabi]	crabe (m)
kreeka pähkel	[kre:ka pæhkelʲ]	noix (f)
kreem	[kre:m]	crème (f) au beurre
krevett	[kreʋett]	crevette (f)
kuivatatud	[kuiʋatatut]	sec (adj)
kukeseen	[kukese:n]	girolle (f)
kurk	[kurk]	concombre (m)
kuum	[ku:m]	chaud (adj)
lääts	[lʲæ:ts]	lentille (f)
lõhe	[lɜhe]	saumon (m)
lõuna	[lɜuna]	déjeuner (m)
lahustuv kohv	[lahusʲtuʋ kohʋ]	café (m) soluble
lambaliha	[lambaliha]	du mouton
langust	[langusʲt]	langoustine (f)
latikas	[latikas]	brème (f)
leib	[lejb]	pain (m)
lest	[lesʲt]	flet (m)
liha	[liha]	viande (f)
liköör	[likø:r]	liqueur (f)
lillkapsas	[lilʲkapsas]	chou-fleur (m)
limonaad	[limona:t]	limonade (f)
lintnuudlid	[lintnu:tlit]	nouilles (f pl)

lisand	[lisant]	garniture (f)
loomaliha	[lo:maliha]	du bœuf
loorber	[lo:rber]	feuille (f) de laurier
lusikas	[lusikas]	cuillère (f)
mädarõigas	[mædarɜigas]	raifort (m)
mõru	[mɜru]	amer (adj)
mürgine seen	[mʉrgine se:n]	champignon (m) vénéneux
mürkel	[mʉrkelʲ]	morille (f)
maapähkel	[ma:pæhkelʲ]	cacahuète (f)
maasikas	[ma:sikas]	fraise (f) des bois
magus	[magus]	sucré (adj)
magustoit	[magusʲtojt]	dessert (m)
mahl	[mahlʲ]	jus (m)
mais	[mais]	maïs (m)
mais	[mais]	maïs (m)
maisihelbed	[maisihelʲbet]	pétales (m pl) de maïs
maitse	[maitse]	goût (m)
maitseaine	[maitseaine]	condiment (m)
maitseroheline	[maitseroheline]	verdure (f)
maitsev	[maitseʋ]	bon (adj)
majonees	[majone:s]	sauce (f) mayonnaise
makaronid	[makaronit]	pâtes (m pl)
maks	[maks]	foie (m)
mandariin	[mandari:n]	mandarine (f)
mandlipähkel	[mantlipæhkelʲ]	amande (f)
mango	[mango]	mangue (f)
margariin	[margari:n]	margarine (f)
mari	[mari]	baie (f)
marineeritud	[marine:ritut]	mariné (adj)
marjad	[marjat]	baies (f pl)
marmelaad	[marmela:t]	marmelade (f)
melon	[melon]	melon (m)
menüü	[menʉ:]	carte (f)
mereannid	[mereannit]	fruits (m pl) de mer
mesi	[mesi]	miel (m)
metslinnud	[metslinnut]	gibier (m)
mineraalvesi	[minera:lʲʋesi]	eau (f) minérale
moos	[mo:s]	confiture (f)
muna	[muna]	œuf (m)
munad	[munat]	les œufs
munakollane	[munakolʲæne]	jaune (m) d'œuf
munaroog	[munaro:g]	les œufs brouillés
munavalge	[munaʋalʲge]	blanc (m) d'œuf
murel	[murelʲ]	merise (f)
must kohv	[musʲt kohʋ]	café (m) noir
must pipar	[musʲt pipar]	poivre (m) noir
must sõstar	[musʲt sɜsʲtar]	cassis (m)
must tee	[musʲt te:]	thé (m) noir
mustikas	[musʲtikas]	myrtille (f)
närimiskumm	[nærimiskumm]	gomme (f) à mâcher
naeris	[naeris]	navet (m)

nelk	[nelʲk]	clou (m) de girofle
nisu	[nisu]	blé (m)
nuga	[nuga]	couteau (m)
oad	[oat]	fèves (f pl)
oder	[oder]	orge (f)
oliivõli	[oli:ʊɜli]	huile (f) d'olive
oliivid	[oli:ʋit]	olives (f pl)
omlett	[omlett]	omelette (f)
päevalilleõli	[pæeʋalilʲeɜli]	huile (f) de tournesol
põldmari	[pɜlʲdmari]	mûre (f)
paltus	[palʲtus]	flétan (m)
papaia	[papaia]	papaye (f)
paprika	[paprika]	paprika (m)
part	[part]	canard (m)
pasteet	[pasʲte:t]	pâté (m)
peekon	[pe:kon]	bacon (m)
peet	[pe:t]	betterave (f)
petersell	[peterselʲ]	persil (m)
piim	[pi:m]	lait (m)
piimaga kohv	[pi:maga kohʊ]	café (m) au lait
piimakokteil	[pi:makoktejlʲ]	cocktail (m) au lait
pilvik	[pilʲʋik]	russule (f)
pipar	[pipar]	poivron (m)
pirn	[pirn]	poire (f)
pirukas	[pirukas]	gâteau (m)
pistaatsiapähkel	[pisʲta:tsiapæhkelʲ]	pistaches (f pl)
pitsa	[pitsa]	pizza (f)
ploom	[plo:m]	prune (f)
pohlad	[pohlat]	airelle (f) rouge
porgand	[porgant]	carotte (f)
portsjon	[portsjon]	portion (f)
praetud	[praetut]	frit (adj)
pudeliavaja	[pudeliaʊaja]	ouvre-bouteille (m)
puder	[puder]	bouillie (f)
puljong	[puljong]	bouillon (m)
punane pipar	[punane pipar]	poivre (m) rouge
punane sõstar	[punane sɜsʲtar]	groseille (f) rouge
punane vein	[punane ʋejn]	vin (m) rouge
puru	[puru]	miette (f)
puuvili	[pu:ʋili]	fruit (m)
puuviljad	[pu:ʋiljat]	fruits (m pl)
rasvad	[rasʋat]	lipides (m pl)
redis	[redis]	radis (m)
retsept	[retsept]	recette (f)
riis	[ri:s]	riz (m)
roheline tee	[roheline te:]	thé (m) vert
roog	[ro:g]	plat (m)
rosinad	[rosinat]	raisin (m) sec
rukis	[rukis]	seigle (m)
rumm	[rumm]	rhum (m)
säga	[sæga]	silure (m)
söödav seen	[sø:daʊ se:n]	champignon (m) comestible

söögiisu	[sø:gi:su]	appétit (m)
söök	[sø:k]	nourriture (f)
süsivesikud	[susiuesikut]	glucides (m pl)
safran	[safran]	safran (m)
salat	[salat]	laitue (f), salade (f)
salat	[salat]	salade (f)
sarapuupähkel	[sarapu:pæhkelʲ]	noisette (f)
sardiin	[sardi:n]	sardine (f)
sealiha	[sealiha]	du porc
seen	[se:n]	champignon (m)
seesamiseemned	[se:samise:mnet]	sésame (m)
seller	[selʲer]	céleri (m)
sibul	[sibulʲ]	oignon (m)
sidrun	[sidrun]	citron (m)
sinep	[sinep]	moutarde (f)
sink	[sink]	jambon (m)
sink	[sink]	cuisse (f)
sitaseen	[sitase:n]	oronge (f) verte
skumbria	[skumbria]	maquereau (m)
soja	[soja]	soja (m)
sool	[so:lʲ]	sel (m)
soolane	[so:lane]	salé (adj)
spagetid	[spagetit]	spaghettis (m pl)
spinat	[spinat]	épinard (m)
suhkur	[suhkur]	sucre (m)
suitsutatud	[suitsutatut]	fumé (adj)
supilusikas	[supilusikas]	cuillère (f) à soupe
supp	[supp]	soupe (f)
suupiste	[su:pisʲte]	hors-d'œuvre (m)
suvikõrvits	[suuikɜruits]	courgette (f)
täidis	[tæjdis]	garniture (f)
tükk	[tɥkk]	morceau (m)
taimeõli	[taimeɜli]	huile (f) végétale
taimetoitlane	[taimetojtlane]	végétarien (m)
taimetoitluslik	[taimetojtluslik]	végétarien (adj)
taldrik	[talʲdrik]	assiette (f)
tangud	[tangut]	gruau (m)
tass	[tass]	tasse (f)
tatar	[tatar]	sarrasin (m)
tee	[te:]	thé (m)
teelusikas	[te:lusikas]	petite cuillère (f)
teraviljad	[terauiljat]	céréales (f pl)
till	[tilʲ]	fenouil (m)
tomat	[tomat]	tomate (f)
tomatimahl	[tomatimahlʲ]	jus (m) de tomate
tort	[tort]	tarte (f)
tume õlu	[tume ɜlu]	bière (f) brune
tursk	[tursk]	morue (f)
tuunikala	[tu:nikala]	thon (m)
tuurakala	[tu:rakala]	esturgeon (m)
väärislõhe	[uæ:rislɜhe]	saumon (m) atlantique
värskelt pressitud mahl	[uærskelʲt pressitut mahlʲ]	jus (m) pressé

või	[ʊɜi]	beurre (m)
võileib	[ʊɜjlejb]	sandwich (m)
vürts	[ʊɐrts]	épice (f)
vaarikas	[ʊaːrikas]	framboise (f)
vahvlid	[ʊahʊlit]	gaufre (f)
valge vein	[ʊalʲge ʊejn]	vin (m) blanc
valgud	[ʊalʲgut]	protéines (f pl)
vasikaliha	[ʊasikaliha]	du veau
vein	[ʊejn]	vin (m)
veinikaart	[ʊejnikaːrt]	carte (f) des vins
veiniklaas	[ʊejniklaːs]	verre (m) à vin
vermut	[ʊermut]	vermouth (m)
vesi	[ʊesi]	eau (f)
viil	[ʊiːlʲ]	tranche (f)
viin	[ʊiːn]	vodka (f)
viinamarjad	[ʊiːnamarjat]	raisin (m)
viiner	[ʊiːner]	saucisse (f)
vili	[ʊili]	grains (m pl)
virsik	[ʊirsik]	pêche (f)
viski	[ʊiski]	whisky (m)
vitamiin	[ʊitamiːn]	vitamine (f)
vorst	[ʊorsʲt]	saucisson (m)